FITNESS TOTAL

Índice

CAPÍTULO 1
PREPARE
SEU CORPO
6

CAPÍTULO 2
POSTURA E EQUILÍBRIO
26

CAPÍTULO 3
CONDICIONAMENTO FÍSICO
42

CAPÍTULO 4
TREINAMENTO
FUNCIONAL 58

CAPÍTULO 5
HIPERTROFIA
MUSCULAR 70

CAPÍTULO 6
MENS SANA IN
CORPORE SANO
84

Apresentação

Homens e mulheres desejam ter corpos sadios e atraentes. Para que isso aconteça, o maior desafio é se tornar uma pessoa fisicamente ativa, consciente de sua alimentação, livre de doenças crônicas e com um percentual de gordura dentro de um padrão considerado "excelente" ou "bom".

Para você encarar com mais facilidade o desafio de conquistar um belo corpo, fizemos o *Fitness Total*, que aborda diversos exercícios, pontuados com dicas de vários especialistas.

Neste livro, homens e mulheres vão saber o que é necessário para ter um corpo bonito e sadio. Porém, ninguém deve sair por aí fazendo exercícios sem um acompanhamento. Antes de ir a uma academia, consulte-se com um médico para saber como vai seu coração e seu percentual de gordura. Feito isso, entregue-se às atividades físicas sem medo, mas definindo seus objetivos específicos. Quer perder gordura ou ganhar músculos? Quer aumentar sua flexibilidade ou tornar-se resistente?

Comemore, pois aqui tem tudo para deixar você com um corpo formidável. Agora, depende só de seu esforço. Bom exercício!

1
PREPARE SEU
CORPO

Seu bem mais precioso é o seu corpo. Portanto, tê-lo sempre em forma e bem condicionado é fundamental para você levar uma vida saudável ao longo de sua existência. Exercícios são importantes para que esse objetivo seja alcançado, mas antes que você se entregue à malhação, à corrida, à natação, ao ciclismo ou a qualquer outra atividade física, há alguns cuidados que precisam ser levados em consideração para que os melhores resultados sejam extraídos dessa máquina extraordinária que é o corpo humano.

Que roupa é a ideal para usar durante os exercícios? Calças, shorts, tops e camisas podem formar diversas combinações, mas o importante é que o conforto e a liberdade de movimentos sejam priorizados ao máximo. E os tênis para as atividades físicas? Há várias marcas especializadas em calçados esportivos, e cada uma delas oferece uma infinidade de modelos para você escolher o mais apropriado para seu objetivo e, é claro, que combine com sua personalidade. Contudo, há um detalhe importante: determinar o tipo da sua pisada. Afinal, ela é pronada, normal ou supinada? Você vai descobrir logo.

A alimentação é outro aspecto de enorme relevância para quem se exercita. Não pense que comer qualquer coisa e partir para a atividade é o suficiente para atingir seus objetivos. Há alimentos que devem ser ingeridos antes dos exercícios, para gerar energia constante quando seu corpo precisar dela, e outros que devem ser consumidos depois, para que seu organismo se recupere rapidamente do esforço realizado.

Por fim, você vai conferir a importância dos alongamentos para seu corpo e descobrir que a melhor hora de praticá-los talvez não seja imediatamente antes dos exercícios. Prepare-se para se surpreender...

Siga as recomendações e seu corpo vai agradecer!

O QUE VESTIR PARA MALHAR?

Quase tão importante quanto se exercitar em uma academia ou correr é vestir uma roupa que seja confortável e privilegie os movimentos. Mas se você quiser, ela pode ir muito além disso, graças à tecnologia.

Nada de usar um short que fique caindo durante a corrida, um top que não tenha uma boa sustentação, ou uma camisa que incomode na execução dos exercícios. Escolher a roupa certa para malhar não é difícil. Basta levar em consideração dois fatores: *conforto* e *funcionalidade*. Tendo isso, é só se entregar à atividade física. Mas sempre há a possibilidade de dar um toque pessoal para mostrar seu estilo.

A ROUPA IDEAL

Homens ficam bem de shorts e camisetas, enquanto as mulheres podem usar leggings, shorts e tops. Em ambos os casos, é importante que a preferência seja por peças que possuam ventilação estratégica e removam a umidade do corpo, para mantê-lo seco e confortável. Uma boa para elas é optar por sutiãs esportivos, projetados para suportar o impacto dos exercícios.

Os tênis devem ser confortáveis e respeitar o tipo de pisada (pronada, neutra ou supinada) de cada pessoa. Em relação às meias, prefira as de algodão em sua composição, pois ajudam a absorver o suor, reduzem o atrito e evitam o mau cheiro. As bem curtas, que ficam quase escondidas, são as mais indicadas para os exercícios.

CORRIDA SOB MEDIDA

Nos últimos anos, tecidos tecnológicos ganharam espaço e melhoraram a performance geral, especialmente daqueles que dão preferência à corrida. Justos e elásticos, não atrapalham os movimentos, além de favorecerem a evaporação do suor.

Os de compressão são ainda melhores, pois os músculos são comprimidos durante os exercícios, aumentando o fluxo sanguíneo, melhorando a circulação e alimentando-os com mais oxigênio. Isso permite ao corredor ir mais rápido e mais longe. Para esse fim, há meias compressoras também.

▲ Calça legging e top formam uma das combinações mais comuns no fitness.

▲ Bermudas de compressão são ótimas para a circulação do sangue.

Outro benefício envolve o impacto dos pés no chão. Quando os músculos vibram, ficam sujeitos à fadiga. A tecnologia de compressão limita isso, reduzindo o desgaste. Por fim, ela impede o inchaço muscular e melhora a circulação, fazendo com que eles se recuperem mais rapidamente. E não é tudo: algumas roupas protegem da radiação ultravioleta, nociva para o corpo.

Nos dias muito quentes, as mulheres podem usar um top curto e short.

DE OLHO NA MODA

Se quiser dar um toque *fashion* durante os exercícios, vale a pena combinar uma peça justa com outra mais larga, e uma curta com outra comprida, para haver equilíbrio visual. Quanto às cores, branco, preto e cinza ficam bem com as demais. Se optar por uma peça com estampa floral, étnica ou com *animal print*, combine-a com algo neutro. Caso prefira uma roupa em tons sóbrios, use um tênis vibrante ou de contraste.

Quem pretende dar aquela disfarçada nos quilinhos extras, não deve usar short muito curto ou regata cavada, além de optar por cores mais sóbrias. Homens com pernas finas podem usar bermudas maiores, até a altura do joelho, desde que não comprometam os movimentos.

Calças compridas ficam bem nas mulheres. As que possuem um corpo atlético podem usar leggings até a altura da panturrilha. O mesmo não serve para as baixinhas, que precisam alongar a silhueta.

Com todas estas dicas, é só se entregar à malhação e conquistar um corpo perfeito!

Camisas e shorts largos privilegiam os movimentos.

PISE SEM PROBLEMAS!

Muitas pessoas não imaginam, mas a pisada tem grande importância sobre a postura corporal. Portanto, descobrir o formato do pé e os tênis mais adequados são fundamentais para evitar problemas e extrair o máximo do treinamento.

A corrida é um exercício bastante saudável. Afinal, além de aumentar a capacidade pulmonar, melhora o condicionamento físico e relaxa. Contudo, é importante ter em mente que a atividade exige tênis apropriados, que sejam não apenas confortáveis, mas adequados ao tipo de pisada de cada indivíduo. Portanto, o que é bom para uma pessoa, não é, necessariamente, boa para outra.

Para que a atividade física seja praticada com maior conforto na pisada, ela tem a tecnologia – em constante desenvolvimento – como aliada. Hoje há uma grande quantidade de tênis criados especialmente para se adequarem aos três tipos de pisadas: *pronada, supinada* e *neutra*. Produzidos sob medida, aliviam o impacto e a tensão graças a avançados sistemas de amortecimento.

As variações no tipo de pisada estão diretamente relacionadas com a postura corporal e o desequilíbrio muscular. Quando o arco de pé é "caído", significa que ele é pronado – na linguagem popular, conhecido como "pé chato". Como consequência disso, o indivíduo vai apresentar uma deficiência da musculatura anterior da perna.

Embora o calçado certo minimize o problema decorrente do formato do pé, é uma boa tratar a causa dele com um profissional. Mas isso é você quem vai decidir o melhor momento. Quando o assunto é caminhada ou corrida, invista em tênis adequados e confortáveis. Modelos não faltam para os diferentes tipos de pisadas. Escolha os melhores para seus pés, seu bolso e seu gosto, e vá longe com eles!

TIPOS DE PISADAS

PRONADA
Pé plano, com inclinação medial (arco baixo)

Este movimento garante uma boa absorção de impacto, mas compromete a eficiência biomecânica da passada. Ela ocorre quando há uma rotação interna excessiva do pé e do tornozelo. Desta forma, mais tensão é posta na estrutura do pé, o que pode desalinhar o tornozelo, os joelhos e os quadris. A pisada pronada desperdiça energia, fazendo o estilo de corrida ser ineficiente e aumentando o risco de dores na canela e nas articulações. Pronadores precisam de correção no movimento para melhorar a performance e prevenir lesões.

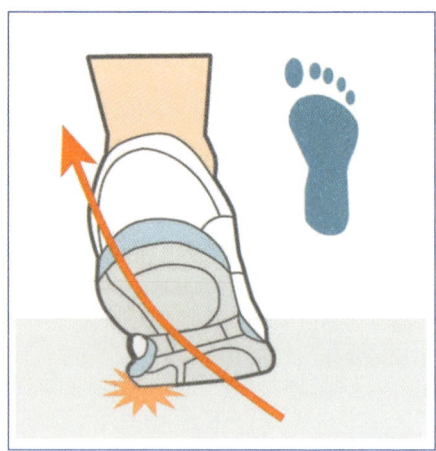

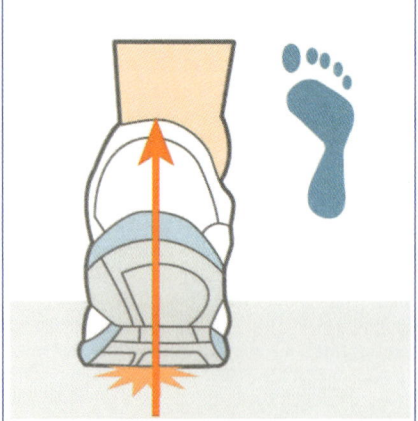

NEUTRA
Pé fixo no calcâneo (normal)

Nesta pisada, que é a mais eficiente biomecanicamente, a parte de fora do calcanhar faz o contato inicial. É o tipo ideal de pisada, pois possui um nível equilibrado de pronação e supinação e cria uma absorção de choque eficiente na fase de apoio da pisada. O arco do pé tem altura média e o calcanhar permanece em posição vertical com relação ao solo. Um corredor "neutro" é geralmente mais eficiente e o risco de lesões é menor.

SUPINADA
Pé cavo, com inclinação lateral (arco alto)

Neste tipo, o pé vai para dentro em um grau abaixo do ideal, "pronando" menos e não amortecendo tanto os impactos. Contudo, há mais estabilidade no movimento. As forças durante o ciclo da pisada não são distribuídas igualmente pelo pé, que possui o arco alto e não tem sua mobilidade afetada. O peso do corpo do corredor fica nos dedos de fora, o que pode gerar lesões, principalmente nos joelhos, nos pés e nas costas.

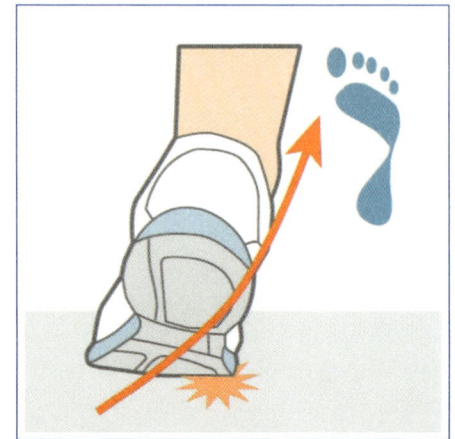

DÊ CONFORTO AOS SEUS PÉS!

Tão importante quanto executar os exercícios da forma correta é fazer isso usando os tênis certos. Afinal, os pés são a sustentação do corpo e suportam todo o peso dele.

Tênis macios, capazes de amortecer o impacto dos exercícios sem que ele seja transferido para a coluna são fundamentais. Caso contrário, o resultado pode ser terrível, ocasionando dores intensas, de acordo com o nível de esforço ao qual o corpo foi submetido.

Os tênis utilizados em uma academia podem ser os mesmos usados para a corrida, com amortecimento robusto, feito sob medida para evitar lesões musculares graves. Algumas marcas se destacam no segmento de calçados esportivos, como Adidas, Puma, Nike, Mizuno, Olympikus, Asics e Reebok, e oferecem mais proteção durante a prática de exercícios.

OS DESTAQUES

Alguns diferenciais tornam os tênis importantes aliados na busca pelo corpo ideal. Os *amortecedores*, por exemplo, reduzem os impactos sobre as articulações. A presença deles ocorre na sola inteira – o que os tornam mais caros – ou somente na parte de trás, na região do calcanhar. Mais amortecimento significa menos impacto. A *ergonomia* também conta, fazendo com que o calçado se adapte ao pé do usuário. O ideal é que combine firmeza e resistência com maciez e flexibilidade. Por fim, o avanço da tecnologia permitiu que as *palmilhas* passassem a ter papel de destaque, potencializando os efeitos dos exercícios e ajudando na queima de calorias. Como? Estimulando músculos pouquíssimos exigidos nos membros inferiores.

Portanto, defina suas reais necessidades ao escolher um tênis para realizar seus exercícios, levando em conta o quanto tem para gastar e seu gosto estético. Há modelos para todos os gostos, com cores chamativas ou tons sóbrios, ou com amortecedores discretos ou chamativos. O importante é não ficar parado!

COMO ESCOLHER SEU TÊNIS?

Vá a uma loja especializada
Lojas de calçados esportivos têm equipes bem informadas, capazes de dar a melhor orientação sobre a escolha dos tênis certos para você.

Compre seus tênis no fim do dia
Como seus pés deverão estar mais inchados no fim do dia, esse é o melhor momento para experimentar os tênis que deseja comprar. Isso vai garantir que eles se encaixem perfeitamente em seus pés, mesmo no pior momento do dia.

Experimente de pé
Seus pés podem ser ligeiramente diferentes em tamanho. Por isso, o melhor a fazer é experimentar os tênis com você de pé. Isso vai assegurar o melhor ajuste, pois a pressão do peso corporal faz com que os pés se expandam ligeiramente.

Deixe espaço para os dedos
Tênis apertando os pés causam uma sensação extremamente desagradável. Portanto, leve em consideração deixar o espaço necessário para que seus dedos fiquem à vontade mesmo se estiver usando meias e com os pés inchados.

Dê um passeio
A maioria das lojas de calçados tem muito espaço para os clientes passearem e experimentarem os tênis antes da compra. Então, não deixe de levá-los para um test drive. Caminhe, corra e pule para testá-los da maneira como vai usá-los.

TÊNIS PARA RUNNING E FITNESS

Nike Reax 8

Adidas Springblade Ignite 2

Asics DFA-33

Mizuno Wave Prophecy 4

Puma Vertex

Reebok Fury RS

Olympikus Zonix 4

ALIMENTAÇÃO
O combustível que faz do corpo uma máquina

Obter bons resultados nos exercícios físicos vai muito mais além de apenas escolher o tênis ideal, a roupa mais confortável e se entregar à corrida ou à malhação. Existe um ingrediente fundamental para que os objetivos sejam conquistados: a alimentação.

Não há profissional ligado ao *fitness* – seja nutricionista ou instrutor – que não ressalte a importância de uma boa dieta para quem pratica exercícios. Afinal, é ela que vai fornecer o "combustível" para que o corpo, essa máquina maravilhosa, funcione perfeitamente. Comer corretamente fará não apenas com que a gordura extra seja eliminada, mas também vai ajudar na recuperação após a malhação.

A ideia de malhar em jejum não é boa, especialmente pelos "efeitos colaterais", já que, no rastro do emagrecimento, a saúde fica debilitada. A explicação é simples: sem a energia fornecida pela alimentação, o corpo e os órgãos vão extraí-la dos músculos. Portanto, o melhor é fazer um lanche leve, mas com os nutrientes necessários para dar aquele gás na atividade física!

CUIDADOS A TOMAR

– Faça, no mínimo, cinco refeições por dia: café da manhã, lanche da manhã, almoço, lanche da tarde e jantar;
– Tenha sempre uma garrafinha de água por perto para manter o corpo hidratado;
– Evite ficar mais de três horas sem consumir algo. Ingira alimentos leves entre as refeições, como frutas, sucos e barrinhas de cereais;
– Carboidratos simples, como farinhas refinadas, devem ser evitados. Portanto, nada de pão branco e biscoitos. Prefira sempre os integrais;
– Dê preferência sempre a chás, sucos e refrescos em vez de refrigerantes, mesmo se estes forem light ou zero;
– Se for impossível abrir mão delas, reduza ao máximo as bebidas alcoólicas, pois são muito calóricas.

ANTES DO TREINO

Os carboidratos são os nutrientes fundamentais antes dos treinos. Alimentos com baixo índice glicêmico, como pães integrais, frutas, batata-doce e cereais, são os mais indicados para serem consumidos antes do treinamento. O grande motivo é a lenta liberação de açúcar no organismo, já que eles têm digestão mais lenta. Como resultado, a energia será constante durante a atividade física.

O ideal é consumir esses alimentos entre 40 minutos e uma hora antes do treino.

Na contramão dos benefícios para a malhação, bolos, tortas, biscoitos, pão branco e açúcar refinado são rapidamente digeridos, o que pode resultar em hipoglicemia (queda de açúcar no organismo), cujos sintomas envolvem cansaço, tontura e dores de cabeça.

Seguindo essa recomendação, os efeitos do treino serão potencializados e os resultados serão atingidos em um menor espaço de tempo, seja em relação ao ganho de massa muscular ou à perda de gordura. Sem contar que vai minimizar o risco de passar mal durante a atividade física.

O QUE CONSUMIR?

VITAMINA DE FRUTAS
O leite desnatado tem água, cálcio e sódio, enquanto as frutas proporcionam energia e antioxidantes. É ótima para quem acorda cedo para se exercitar e não costuma comer tão cedo.

IOGURTE
É bastante rico em cálcio, importante para a contração muscular. A melhor opção é pelo desnatado, já que a gordura atrapalha a digestão e não libera a energia necessária para o gasto.

ÁGUA DE COCO
Isotônico natural, hidrata tão bem o corpo que pode ser consumida antes e durante a atividade física. Além disso, é rica em vitaminas, minerais, aminoácidos, carboidratos e antioxidantes.

BANANA
Indispensável, ela é rica em potássio e fornece energia rápida, além de ser prática de ser levada e comida.

AÇAÍ
Como se trata de uma fruta energética e calórica, a tigela só deve ser consumida por quem vai se exercitar por mais de uma hora e meia e sofrer grande desgaste físico.

BATATA-DOCE
Um carboidrato valioso, proporciona energia rápida para quem busca hipertrofia ou performance aeróbica. Há quem a coma em plena academia para obter aquele gás a mais.

DEPOIS DO TREINO

Após o exaustivo treinamento e a perda de massa muscular, nada como consumir proteína por meio da ingestão de leite, iogurte, carnes magras, peito de peru, queijo branco, ricota e soja, de preferência, em até uma hora após a atividade física, pois estudos indicam que, durante esse período, o organismo se recupera bem do desgaste.

Contudo, nem só de proteína deve ser constituída a recuperação pós-treino. A refeição deve ter uma quantidade – ainda que pequena – de carboidrato, para que ocorra a renovação do glicogênio, que libera energia para os músculos durante a atividade física. As frutas são excelentes neste processo, por serem rapidamente absorvidas.

O horário do treino é que vai determinar o que é melhor consumir para repor o que foi gasto. Se for de manhã, bem cedo, o leite magro é a melhor proteína para restaurar os danos musculares, sendo perfeito se for batido com uma fruta. Se terminar no fim da manhã ou no fim da tarde, o ideal é fazer refeições completas (almoço ou jantar). As proteínas animais, provenientes de carne bovina, de frango, de peixes ou de ovos, são as mais indicadas para o pós-treino. Já o carboidrato de reposição pode ser oriundo da batata-doce, do arroz e da mandioquinha, para citar alguns exemplos.

O QUE CONSUMIR?

CARNES
A vermelha é uma fonte importante de carnitina, substância capaz de hidratar a musculatura e repará-la rapidamente. Contudo, não deve ser consumida mais de três vezes na semana.

PEIXES
Além de serem boas fontes de proteína, possuem ômega 3, fundamental para as articulações e o controle das inflamações.

FRANGO
Assim como a carne vermelha, também é rico em carnitina. O ideal é que seja preparado assado ou grelhado.

VERDURAS
São ótimas fontes de vitaminas e minerais. Participam de reações químicas que proporcionam a reparação dos tecidos.

OVO
Proteína importantíssima, repara as fibras musculares. A clara não tem gordura e é pura albumina. Já a gema pode entrar no cardápio em menor quantidade por conter colesterol.

QUEIJO BRANCO
O cálcio faz bem à musculatura. Como tem baixo índice de gordura, possui mais proteínas para reparar os tecidos e os músculos.

ALONGAMENTO
Músculos e articulações impecáveis

Antes e depois da realização de qualquer exercício físico, é importante fazer alongamentos de baixa intensidade. Afinal, eles ajudam a aquecer o corpo e aumentam a flexibilidade por meio do estiramento das fibras musculares. Assim você se prepara para a atividade e a possibilidade de lesões é reduzida.

O aumento da flexibilidade é o principal efeito do alongamento. Em outras palavras, trata-se da elevação da amplitude máxima da movimentação de uma articulação. Quanto mais alongado for um músculo, maior vai ser a flexibilidade do indivíduo.

O alongamento é uma prática vital para o corpo funcionar bem, proporcionando mais elasticidade e prevenindo lesões. Essencial para o aquecimento e relaxamento dos músculos, deve ser incorporado como parte do exercício físico.

Como não exige grande condicionamento físico ou habilidades atléticas, qualquer um pode fazer alongamentos, independentemente da idade ou da flexibilidade corporal. Contudo, vale ressaltar que pessoas com problemas específicos, como hérnia de disco, por exemplo, precisam realizá-los com menor intensidade. Além disso, não deve ser executado quando houver estiramento ou lesão muscular – já que pode haver agravamento do problema –, fraturas não consolidadas, instabilidade articular, inflamações e dores agudas.

O alongamento proporciona uma série de benefícios quando é realizado de maneira correta:

– Relaxa a musculatura;
– Alivia dores;
– Diminui a incidência de cãibras;
– Relaxa o corpo e a mente;
– Faz com que a pessoa desperte maior consciência sobre o próprio corpo;
– Melhora a postura corporal, deixando os movimentos mais leves e soltos;
– Reduz drasticamente a possibilidade de ocorrerem lesões graves;
– Prepara o corpo para a realização de atividades físicas leves ou intensas;
– Ativa a circulação.

POR QUE ALONGAR O CORPO?

Com o passar do tempo, as fibras musculares de uma pessoa se encurtam, o que reduz a flexibilidade corporal. A consequência disso é a maior propensão para o desenvolvimento de problemas em ossos e músculos.

A queixa mais frequente em decorrência disso é a perda da flexibilidade, o que provoca dores lombares devido ao encurtamento dos músculos posteriores das coxas e das costas, ainda mais se isso estiver associado a um abdômen com musculatura fraca.

Uma vez que os alongamentos se tornem uma prática regular, os músculos ficam habilitados para suportar não somente o esforço físico exigido pelos esportes, mas também as tensões diárias, além de prevenir o desenvolvimento de lesões musculares.

COMO DEVE SER FEITO?

Dois detalhes são muito importantes para o alongamento: a regularidade e o relaxamento. Quanto mais vezes ele for praticado, mais os músculos serão estendidos. E ao ser executado, deve ser feito lentamente e sem tensionamento.

É importante assumir uma posição confortável e mantê-la, provocando o relaxamento do músculo. Nesse momento, a respiração desempenha um papel fundamental, pois ela vai dar o ritmo do exercício. Portanto, deve ser lenta, profunda e controlada. Respeite ao máximo seus limites físicos, pois forçar o alongamento pode causar lesões nos músculos e tendões. O certo é ir até o ponto em que sinta uma certa tensão muscular e relaxar um pouco. Então, permaneça na posição por um período de, aproximadamente, 30 segundos.

Alongar até o limite não deve ser uma preocupação, pois o corpo, aos poucos, vai se condicionando a ir mais além por conta do ganho de flexibilidade. A prática consegue esse resultado por aumentar a temperatura da musculatura e por produzir pequenas distensões na camada de tecido conjuntivo, que reveste os músculos.

CONTROVÉRSIA

Que alongar adequadamente a musculatura é algo benéfico é um consenso. Contudo, há uma controvérsia sobre a realização de alongamentos imediatamente antes ou depois de treinamentos intensos e competições.

Como o alongamento causa estiramento das fibras musculares, levadas a um estado de estresse, realizá-lo imediatamente antes de uma corrida ou de uma atividade que exija muito dos músculos, como musculação, pode provocar lesões. É o que afirma uma corrente de profissionais de Educação Física, que sugere a execução dos alongamentos em horários distantes dos treinos.

Assim, antes do treinamento, o ideal seria a realização de um alongamento brando, que não leve a musculatura ao limite. Com isso, o corpo, ao ser exigido no momento certo, pode desfrutar de mais amplitude articular e elasticidade.

EXEMPLOS DE ALONGAMENTOS

Há uma infinidade de exercícios de alongamento, mas estes oito já vão te ajudar a soltar alguns dos músculos mais críticos e deixá-los bem mais relaxados. Execute-os com atenção, por 30 segundos cada um, respeitando seus limites e dando atenção à respiração, que é parte importante no processo de alongamento muscular. Praticando-os diariamente, você vai condicionar seu corpo a ter mais flexibilidade e a correr menos risco de sofrer lesões.

1. PANTURRILHA
Flexione levemente uma das pernas à frente e deixe o tronco ereto. Já a perna de trás deve ficar estendida, com o calcanhar no solo.

2. FLEXOR DO QUADRIL
Abra o quadril mantendo os pés paralelos. Avance uma perna para a frente. Então, flexione o joelho e desça o quadril até que a perna que foi à frente forme um ângulo de 90°.

3. BRAÇOS, OMBROS E PERNAS
Mantenha as pernas bem afastadas. Então, formando um ângulo de 180° entre seus braços, toque o pé esquerdo com a mão direita. Depois, inverta o lado.

5. DORSAL E DELTOIDE POSTERIOR

Com as palmas das mãos para cima e os dedos entrelaçados, force ao máximo para cima esticando os braços. Mantenha a posição por alguns segundos e, em seguida, incline a cabeça e o tronco para a esquerda e a direita.

4. COSTAS E PARTE POSTERIOR DAS COXAS

Com as pernas levemente abertas, incline o corpo para a frente e, com os braços esticados, leve as pontas dos dedos até o mais próximo que conseguir do chão.

6. PEITO E OMBROS

Com as pernas paralelas e semiflexionadas, pressione um dos cotovelos em direção ao corpo, usando o outro braço para firmá-lo. Depois, troque de lado.

7. CABEÇA E PESCOÇO

Puxe a cabeça com uma das mãos até sentir uma leve pressão na lateral do pescoço. Em seguida, faça o mesmo movimento para o outro lado e trocando de mão.

8. POSTERIOR DAS COXAS

Sente-se sobre uma superfície e abra as pernas, mantendo-as retas. Em seguida, rotacione o tronco para tocar o pé direito com a mão direita. Em seguida, faça o mesmo no outro lado.

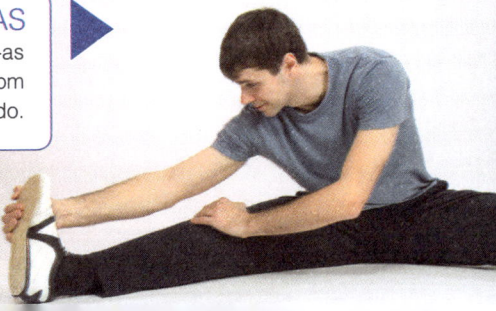

2
POSTURA E EQUILÍBRIO

Nosso corpo é nosso sustentáculo, e cada indivíduo deve cuidar dele muito bem. Hoje, muitas queixas envolvem problemas na coluna ou dores no corpo em geral. A Organização Mundial da Saúde (OMS) estima que de 60% a 80% da população adulta acima dos 30 anos deverá reclamar, no futuro, de dores nas costas.

A maior incidência do problema acontece entre pessoas de 35 e 55 anos. Com o ritmo intenso da vida moderna, a maior parcela da população se vê sem tempo para praticar atividades físicas. Com isso, aumentou a ocorrência de dores na coluna e lesões por esforços repetitivos.

Para manter o corpo funcionando sem grandes problemas, nada melhor do que as atividades físicas certas para cada momento. Seja qual for o caminho escolhido, é importante trabalhar a postura e o equilíbrio. Atualmente, várias modalidades podem servir no auxílio tanto para uma postura correta quanto para ajudar a melhorar o desempenho no esporte. Pilates, dança, yoga e slackline são algumas atividades indicadas na busca por um corpo mais saudável. Lembre-se: não importa a idade para começar a praticar, pois nunca é tarde para tomar a iniciativa em busca de uma vida melhor!

PILATES
Criado para todos

AEROPILATES
Uma das modalidades mais desafiadoras, é realizada com o auxílio de tecidos e proporciona grande liberdade de movimentos.

Praticar uma atividade física é uma maneira de melhorar o corpo e a mente. Uma que está se popularizando rapidamente nas academias é o pilates. A modalidade visa desenvolver o corpo de forma equilibrada por meio de movimentos que ampliam a força, a flexibilidade e a consciência corporal.

Os exercícios – de baixo impacto e com poucas repetições – proporcionam resultados eficazes e com menos desgaste das articulações e dos músculos. Realizados com precisão, os movimentos podem ser feitos por pessoas de todas as idades, inclusive pelas que sofrem de problemas ósseos e musculares ou até de dores crônicas.

Segundo a fisioterapeuta Carla Tissiane Silva, de São José dos Pinhais, na Grande Curitiba (PR), além de garantir uma boa saúde postural, o pilates é uma excelente maneira de obter uma barriga lisa, proporcionando um corpo elegante e esguio ao praticante. *"Essa atividade é recomendada, principalmente, para quem necessita melhorar sua postura, mas, ao mesmo tempo, é uma boa forma de auxiliar na perda de peso de maneira leve"*, afirma Carla, que possui formação em RPG e Pilates e é especializada em Osteopatia.

QUANDO O PILATES É INDICADO?

Ele é indicado para toda e qualquer pessoa que queira melhorar sua qualidade de vida, sendo seu uso mais comum para o ajuste postural. O pilates serve para alongar e fortalecer os músculos, desenvolver a consciência sobre os limites do corpo e proporcionar maior flexibilidade, além de ajudar na melhora da respiração, do sono e na recuperação após um acidente.

> **PILATES STUDIO**
> Esta variação utiliza diversos aparelhos para a execução dos exercícios.

QUAIS SÃO AS VARIAÇÕES DO PILATES?

O *pilates de solo* é o mais comum em academias. Ele pode ser realizado, basicamente, em qualquer local, bastando ter um tapete para colocar no chão e uma bola para os demais exercícios. Já o *pilates studio* conta com diversos aparelhos e camas com molas, que facilitam a execução de alguns movimentos. O *aeropilates* – ou pilates no tecido – é uma modalidade que combina os exercícios fundamentais do *pilates de solo* com caminhadas, corrida, pedaladas e elementos circenses, sendo uma das variações mais desafiadoras. Há também o *yogapilates*, que, como o nome indica, mistura as duas modalidades, e, por fim, o *power plate pilates*, que envolve a prática dos movimentos tradicionais em cima de uma plataforma vibratória. Essas são as modalidades mais comuns e, consequentemente, as mais facilmente encontradas no mercado.

> **YOGAPILATES**
> Reúne a concentração e a leveza de movimentos da ioga com o pilates.

ELE PODE SER PRATICADO POR QUALQUER PESSOA?

Ele é indicado para todo e qualquer tipo de pessoa. Homens, mulheres e crianças de todas as idades que fazem atividade física, não a fazem há muito tempo ou simplesmente não a fazem.

O PILATES TEM OS MESMOS EFEITOS DA MUSCULAÇÃO?

Não. Apesar de o pilates fortalecer e tonificar os músculos, ele não os faz crescer da mesma maneira que a musculação. Além disso, a musculação trabalha cada músculo por vez, e o pilates exercita grupos musculares de uma vez só.

ELE CURA HÉRNIA E OUTROS PROBLEMAS NA COLUNA?

Seria incorreto dizer que o pilates pode curar esses tipos de problemas, pois eles não possuem cura, mas a modalidade pode, sim, ajudar a amenizá-los consideravelmente. Dessa forma, o exercício reduz as dores, permitindo que a pessoa siga um estilo de vida mais confortável e prazeroso.

UMA PESSOA DEVE PRATICAR PILATES QUANTAS VEZES POR SEMANA?

Assim como ocorre na musculação, a indicação é deixar os músculos descansarem por, pelo menos, 48 horas após a prática. Como no pilates toda a musculatura é exercitada, esse padrão também pode ser seguido. Dependendo do tipo de problema que a pessoa tiver, pode-se realizar a modalidade até três vezes por semana.

POWER PLATE PILATES
Esta variante do pilates exige bastante do equilíbrio, já que os movimentos são realizados sobre uma plataforma vibratória.

ELE DEIXA A PESSOA MAIS DISPOSTA?

Sim, por ele trabalhar não só o corpo, mas a mente também, desenvolvendo a concentração, a capacidade pulmonar, o relaxamento e o alongamento. Tudo isso contribui para a melhora do humor da pessoa, deixando-a mais disposta para enfrentar o dia a dia.

HÁ CONTRAINDICAÇÕES PARA FAZER O PILATES?

Se a pessoa tiver algum tipo de lesão no sistema musculoesquelético em processo de dor aguda, por exemplo. Se o indivíduo não receber a aprovação de seu médico, como no caso dos hipertensos, não deve realizar a prática do pilates.

O PILATES OFERECE ALGUM PERIGO? EXIGE ALGUMA RECOMENDAÇÃO?

Caso seja mal executado, ele pode agravar as lesões já existentes, piorando a condição da pessoa. Por isso, sempre é necessário procurar um profissional capacitado, que possa realmente ajudar o processo de melhora, para o praticante atingir seus objetivos e ter maior qualidade de vida.

SABRINA KORGUT, ATRIZ
Faço pilates aliado à musculação. É um treino complementar funcional visando tônus muscular e resistência. Como sou atriz de musicais, estar de bem com o corpo é essencial para a profissão. Sempre pratiquei exercícios físicos desde muito cedo e pretendo nunca parar, pois, além de trabalhar a musculatura corporal, faz bem para a saúde física e mental.

PILATES COM BOLA
O acessório permite uma série de variações nos exercícios.

BALLET FITNESS
Flexibilidade ao sabor da dança

Uma forma de arte que proporciona inúmeros benefícios para quem a pratica, a dança oferece maior vitalidade e qualidade de vida, além de permitir que, nas aulas, os alunos libertem suas tensões, organizem seus pensamentos, formem hábitos saudáveis e desenvolvam a disciplina.

Ingrid Teles, fundadora da Agência Creators Content, de Curitiba (PR), fala que novas modalidades de dança, que estão em alta, são ótimas para quem já experimentou de tudo e ainda não encontrou sua atividade física ideal. *"O ballet clássico, por exemplo, melhora a postura, o equilíbrio e os reflexos e exige bastante concentração, aumentando a flexibilidade"*, afirma a professora.

Várias academias já estão introduzindo o *ballet fitness*. Criado em 2003 por Betina Dantas, educadora física e bailarina formada pela Royal Academy of Dance, em Londres, no Reino Unido, a modalidade tem sido cada vez mais procurada no Rio de Janeiro e em São Paulo. A modalidade surgiu ao adaptar a dança clássica à busca de tônus muscular. Durante as aulas, são feitos exercícios na barra e fora dela.

DIVERSOS BENEFÍCIOS

A aula é pesada, e quem pratica três vezes por semana já consegue sentir o resultado no corpo em um mês. *"O ballet fitness é a única modalidade que ajuda a trabalhar a postura e a deixar o corpo longilíneo, além de melhorar o tônus muscular, a flexibilidade, a respiração e o equilíbrio. Para completar, as aulas trabalham a memorização e proporcionam agilidade, músculos alongados, alinhamento corporal e força abdominal e lombar"*, afirma Betina, que teve a ideia de criar a atividade ao sofrer uma lesão no tornozelo e ficar impedida de usar sapatilhas de pontas.

ARTE E FORÇA
Criado pela brasileira Betina Dantas, o ballet fitness faz com que a leveza dos movimentos resulte na conquista de tônus muscular.

QUEIMA RÁPIDA
Com o ballet fitness é possível perder cerca de 790 calorias em apenas meia hora.

queimar muitas calorias – cerca de 790 em apenas meia hora para quem já está no nível avançado –, a aula promove a perda de peso e a definição muscular.

PARA QUEM ELE É INDICADO?

Para quem nunca fez ballet e sempre teve vontade e também para as bailarinas que pararam por não terem mais aquele tempo de se dedicar às aulas e aos ensaios exaustivos e longos. Há ainda bailarinos profissionais que precisam de um fortalecimento muscular a mais para os ensaios.

EXISTE ALGUM TIPO DE RESTRIÇÃO?

Há contraindicações relativas. A sensibilidade do professor no cuidado com os alunos é fundamental. Portanto, uma aluna com qualquer problema no joelho, por exemplo, não vai executar algumas posições específicas do ballet clássico que possam ser prejudiciais a ela.

COMO É UMA AULA DE BALLET FITNESS?

Diferente da aula convencional, a metodologia mescla passos técnicos do ballet clássico, na barra, aliados a exercícios específicos de fitness, como agachamentos, abdominais e flexões, na barra e no chão. Outra diferença da dança tradicional é o aumento no número de repetições dos passos e no tempo de isometria e sustentação muscular nos exercícios. Uma aula nunca é igual à outra, o que ajuda a fugir da mesmice e da monotonia. A aula dura uma hora e é muito intensa. São circuitos entre a barra e o chão, sem descanso.

QUAIS SÃO OS PRINCIPAIS BENEFÍCIOS?

O ballet fitness ajuda a trabalhar a postura. O aluno melhora o tônus muscular, a flexibilidade, a respiração e o equilíbrio. Além de adquirir agilidade, músculos alongados, alinhamento corporal, força abdominal e lombar, a pessoa também trabalha com a memorização. Além de

INDICAÇÃO
A prática é excelente para quem sempre quis dançar ballet e para bailarinos que precisam fortalecer a musculatura.

BENEFÍCIOS
O ballet fitness melhora também a flexibilidade, a respiração e o equilíbrio.

DA DANÇA URBANA AO JAZZ

Várias categorias de dança podem auxiliar na boa forma. Para Ingrid Teles, que é bailarina desde os 12 anos e estuda jazz e dança moderna, a prática ultrapassa a barreira do hobby, podendo ser até um nicho de negócios. *"Participei de vários campeonatos e batalhas na Europa, em dezembro de 2014, e posso dizer que a dança vai muito além do que as pessoas imaginam"*, afirma ela, acreditando que cada pessoa pode escolher em qual se sente melhor. *"A zumba, que é praticada, geralmente, com ritmos latinos, queima muitas calorias de uma vez só, fortalecendo a musculatura e aumentando a autoestima. Além disso, as danças urbanas também melhoram a musicalidade e o ritmo, trabalhando o corpo como um todo. Por último, o stilleto, praticado com sapatos de salto, apesar de ser desafiador, tonifica o corpo e transmite sensualidade por meio das aulas"*, conclui Ingrid.

O jazz também já tem sido incluído no mundo fitness. Além de ser uma forma de expressão artística, a prática desta dança exige força, coordenação motora, flexibilidade e agilidade. O resultado são os quilos a menos registrados na balança. Algumas escolas e academias já apostam na modalidade para quem deseja emagrecer e ganhar condicionamento físico. Assim como outras modalidades, o jazz fitness também melhora a postura. Os exercícios de alongamento e flexibilidade, e as atividades que necessitam da coluna bem ereta, vão melhorando a postura, mesmo fora da aula, sendo um dos seus grandes benefícios.

AS ADEPTAS CÉLEBRES
Há muitas famosas aderindo à prática do ballet fitness. No início de 2015, as atrizes Grazi Massafera, Taís Araújo, Ana Lima, Sheron Menezzes e Ingrid Guimarães foram as convidadas de Betina Dantas para uma aula na academia Carlota Portella, no Rio de Janeiro. Mas quem realmente está bastante envolvida com a modalidade é a atriz Juliana Paiva, que ficou surpresa com os resultados. *"Estou apaixonada pelo ballet fitness. Realmente me encantei, e as mudanças são absurdas. Não usa peso, mas trabalha o peso do próprio corpo. Comecei a fazer no início deste ano"*, contou.

YOGA
Força e paz interior

A prática da yoga tem ganhado cada vez mais adeptos. Muita gente liga a modalidade a uma mente sã, o que realmente é verdadeiro. Porém, a atividade também proporciona inúmeros benefícios para o corpo.

É possível fortalecer e alongar a musculatura com a yoga, pois sua prática movimenta cada parte do corpo, gerando energia e saúde.

Apesar de ter várias vertentes, a mais praticada no Brasil é a Hatha Yoga (yoga pelo físico). Nessa modalidade, há ênfase nas técnicas corporais, respiratórias e de relaxamento. É correto afirmar que ela se caracteriza pelo perfeito sincronismo entre movimento, respiração e foco mental, em que o corpo é um meio viável para a meditação e a integração pessoal.

Os benefícios do yoga são consequência de toda uma transformação física e mental e do funcionamento adequado dos órgãos, conquistas obtidas por meio dos movimentos feitos em aula e dos hábitos saudáveis adquiridos com a prática, relativos à

alimentação, ao comportamento, ao sono e a outros cuidados. A prática regular proporciona equilíbrio, força, resistência, flexibilidade e relaxamento, acalmando a mente e o corpo e melhorando o funcionamento de todos os sistemas: imunológico, digestivo, reprodutor e excretor.

O melhor de tudo é que qualquer pessoa pode praticar a atividade. O importante é ter o cuidado de buscar profissionais capacitados e que possam adaptar as aulas de acordo com as necessidades e possibilidades de cada um. Também é possível, a partir de conhecimentos básicos, praticar alguns exercícios em casa.

A BASE DE TUDO
O tapete é o acessório básico para a prática da yoga, proporcionando conforto para as posições.

VEJA ALGUMAS POSTURAS

1 SUKHASSANA
Postura fácil sentada

Sentada, leve o calcanhar em direção à virilha oposta. Se os joelhos não estiverem mais baixos do que o quadril, sente-se na ponta de um cobertor dobrado. Feche os olhos e faça dez respirações.
Benefícios: Corrige problemas posturais, facilita a digestão, solta os quadris e virilhas, melhora a respiração, acalma os nervos, descansa a mente e proporciona ao praticante concentração e sensação de quietude, preparando-o para a meditação.

2 ARDHA MATSYENDRASANA
Torção do corpo em posição sentada

Para fazer essa posição, deixe a perna esquerda inteiramente sobre a superfície e cruze a perna direita por cima dela, deixando o joelho dobrado. Estenda o braço esquerdo para o lado de fora da perna esquerda. Acomode o braço sobre a perna e gire o tronco para a direita. Repita do outro lado.
Benefícios:
Quando o corpo é torcido, ocorre a estimulação do sistema digestivo, a energização da coluna, a melhora do funcionamento do sistema nervoso, o alívio da tensão da coluna vertebral torácica, o fortalecimento dos músculos do abdômen e das costas e o aumento da circulação sanguínea na região pélvica.

3 BAKASANA
Postura da garça

Estenda os braços e mantenha os joelhos próximos às axilas. Puxe o abdômen inferior para cima e para dentro.
Benefícios: Fortalece os músculos abdominais, desenvolve força e equilíbrio sobre os membros superiores e melhora a autoconfiança.

4 VRKSASANA
Postura da árvore

Toda a sola do pé permanece em contato com o chão. O joelho direito é dobrado e o pé direito colocado na parte interna da coxa esquerda, ou na posição de meia-lótus. As mãos são posicionadas acima ou abaixo da cabeça, apontando diretamente para o céu ou entrelaçadas. A postura, normalmente, deve durar de 20 a 60 segundos para alongar a coluna. Repita com a perna oposta.

Benefícios: Fortalece as coxas, as panturrilhas, os tornozelos e a coluna vertebral, alonga as virilhas e a parte interna das coxas, do peito e dos ombros, melhora a sensação de equilíbrio, alivia a dor ciática e aumenta o arco dos pés chatos.

5 VARIAÇÃO DE UTTANASANA
Postura de alongamento intenso

Faz parte do Surya Namaskar (Saudação ao Sol). Deve-se sentir os pés bem no chão, como se estivessem enraizados, as pernas retas e firmes, as nádegas para dentro, a coluna alongada e os ombros baixos e relaxados. Então, inspire profundamente, movendo o corpo para trás.

Benefícios: Fortalece todos os músculos do centro do corpo – especialmente o abdômen –, aumenta a flexibilidade da coluna e o fortalecimento muscular, corrige posturas incorretas e promove o melhor funcionamento dos rins.

6 SIRSHÁSANA
Postura invertida

As invertidas são posturas muito importantes na prática do yoga. Há sobre os ombros e a cabeça, como a sirshásana. As executadas sobre os ombros são a viparita karani (corpo invertido), a sarvangásana (vela) e a halásana (arado).

Benefícios: Fortalece e equilibra o sistema nervoso, combatendo o estresse e a insônia, dá vitalidade a pessoas letárgicas e anêmicas e reforça os músculos das costas, pernas e abdômen. Além disso, melhora a memória, a concentração, a capacidade intelectual e as faculdades sensoriais.

7 VIRABHADRASANA III
Postura do guerreiro

Nesta postura, o ponto de concentração fica no chão ou à frente. O corpo todo, com exceção da perna de apoio, permanece paralelo ao solo. Isso requer maior concentração, já que o movimento da cabeça mexe nos fluidos do labirinto. Esta posição é, geralmente, chamada de "postura do guerreiro". Como é relacionada ao equilíbrio, as variações estão por conta da posição dos braços, que podem ficar abertos no prolongamento dos ombros, para trás etc.
Benefícios: Tonifica os órgãos abdominais, desenvolve a flexiblidade dos quadris e cria estabilidade pélvica.

UTTHITA TRIKONASANA 8
Posição do triângulo

Com as pernas estiradas e afastadas, incline o tronco para um dos lados e toque o tornozelo com uma das mãos. O outro braço vai se elevar em direção ao teto. Mantenha o peito virado para a frente e olhe para a mão que está levantada.
Benefícios: Fortalece as pernas, trabalha a cintura, melhora a respiração – pela abertura torácica –, previne deformações na coluna, alivia dores na região lombar, nas costas e no pescoço, corrige o alinhamento dos ombros e fortalece os tornozelos.

VIRABHADRASANA II
Postura do guerreiro

Mantenha as pernas afastadas a pouco mais de cinco palmos. Gire o pé da frente para fora e alinhe o calcanhar direito com o arco do pé esquerdo. Flexione a perna da frente, mantendo o joelho em um ângulo de 90 graus e a coxa paralela ao chão. Por fim, estenda os braços.

Benefícios: Fortalece as pernas, auxilia no alinhamento da coluna, alivia dores na lombar e ajuda no aumento da capacidade pulmonar por meio da expansão do tórax.

VIRABHADRASANA I COM EXTENSÃO
Postura do guerreiro

Deixe o pé esquerdo à frente e dê um passo para trás com a perna direita. A perna esquerda deve estar flexionada e o joelho alinhado com o tornozelo. Quadris e ombros devem ficar alinhados. Já os braços ficam estendidos para cima.

Benefícios: Fortalece a coluna vertebral, as pernas, os braços e a pelve, além de promover a expansão da musculatura peitoral.

A yoga conquistou várias estrelas da TV. A atriz **Camila Pitanga** pratica a atividade há pelo menos seis anos. De acordo com uma declaração dela, a prática a ajudou na respiração e, principalmente, na concentração, fundamental para as gravações e apresentações do teatro. *"A ioga me ensinou a respirar melhor. Isso ajuda até mesmo na minha profissão, já que aumenta a capacidade de concentração na hora de atuar. Minha postura também melhorou muito"*, explica.

A apresentadora **Eliana** é outra que aderiu à modalidade para fortalecer os músculos, melhorar o desempenho em frente às câmeras e controlar as emoções.

SLACKLINE
A nova onda

Manter o corpo em forma com diversão e aventura. Essa é uma das propostas do slackline, que, nos últimos tempos, virou febre no Brasil. A prática, que tem um perfil radical, pode ser realizada em praças e praias. Além de treinar o equilíbrio, o exercício trabalha a musculatura do abdômen, além dos membros inferiores e superiores.

A força empregada durante a travessia de uma ponta a outra da fita, suspensa do chão a 50cm de altura, movimenta bem mais do que as pernas. Partes importantes do corpo todo são exercitadas, resultando em um visual "esculpido". O abdômen frontal e oblíquo, o peitoral, os bíceps e os tríceps tendem a ficar definidos com a ajuda do slackline.

Muito acessível, o esporte pode ser praticado por pessoas de qualquer idade e tipo físico. *"Tenho alunos com dez anos de idade e outros com peso de 120 quilos"*, diz Ronaldo Cintra, professor de slackline no Rio de Janeiro. Contudo, como em qualquer atividade física, é necessário tomar algumas precauções. Quem tem problemas nos joelhos ou na coluna, por exemplo, não deve praticar a atividade.

CONHECENDO O SLACKLINE

A travessia com o auxílio da fita pode ser feita em qualquer local em que existam pontos de fixação para ela. Nas primeiras aulas, o aluno tem noções sobre sustentação do corpo. *"Para iniciar, é preciso estar próximo do chão para conquistar segurança"*, diz o professor. A evolução na atividade, que lembra a corda bamba, normalmente é rápida. Logo na primeira semana, o aluno já consegue dar os primeiros passos firmes. Com muito empenho, já pode fazer manobras nas semanas seguintes.

ALGUMAS VARIAÇÕES DO SLACKLINE

Soulline – É a iniciação do exercício, em que são aprendidos todos os fundamentos do slackline.

Yogaline – Por causa da concentração empregada no exercício, uma das variações criadas foi inspirada em poses de yoga. Há, inclusive, treinos para ganhar equilíbrio sentando sobre a corda.

Trickline – Conquistado o equilíbrio, é hora de aumentar a dificuldade. As manobras começam a ser feitas com um metro ou mais de distância do chão.

Longline – Nesta variação, o desafio é continuar a um metro do chão, mas aumentar o percurso para 20 metros.

Waterline – O slackline também pode ser praticado sobre um rio ou uma piscina. O desafio da modalidade é não terminar o exercício com o corpo molhado.

Highline – Mais radical, é preciso superar os desafios para encarar a travessia da fita a cinco metros do chão.

BENEFÍCIOS

O slackline proporciona tantos benefícios que muitos fisioterapeutas já o indicam como forma de fortalecer a musculatura e evitar lesões. Os praticantes são bastante exigidos para manter o equilíbrio. Os adeptos de níveis mais avançados costumam praticar saltos e giros na fita, dando ao slackline um perfil de atividade aeróbica.

Melhora o equilíbrio e a postura. Como o objetivo é se manter sobre uma fita de base pequena e oscilatória, o domínio sobre o corpo é trabalhado a todo momento. Assim, os músculos responsáveis pela estabilização são fortalecidos e há a melhora do equilíbrio.

O slackline também proporciona benefícios mentais. É possível melhorar a concentração, a consciência corporal, a velocidade de reação e a coordenação.

O QUE É PRECISO PARA PRATICAR?

A primeira decisão a ser tomada para começar no esporte é: qual fita comprar? A escolha da ideal deve levar em consideração o grau de experiência e a intenção no esporte. Ou seja, pretende-se treinar equilíbrio e poses estáticas ou manobras com pulos e giros. As fitas de slackline variam em três características: material, comprimento e espessura.

Material estático – São fitas produzidas com materiais pouco elásticos, para evitar que elas tenham muito movimento. Como são as fitas mais estáveis, são recomendadas para quem pretende começar no esporte da maneira mais simples possível. Permite treinar alguns pulos básicos, com pouco movimento.

Material elástico – São fitas fabricadas com a utilização de materiais mais elásticos. É excelente para quem pretende andar e treinar poses estáticas, como as posições de yoga.

Material de trampolim – São fitas produzidas com os mesmos materiais das camas elásticas. São mais finas e com maior balanço, ideais para quem quer realizar manobras. Exigem mais equilíbrio e experiência.

As fitas usadas no slackline variam em relação à espessura, ao comprimento e ao material.

Apesar de existirem vários tamanhos de fitas, elas são ajustáveis em comprimento. Se você pretende começar no slackline, saiba que, quanto menor a fita, mais fácil é para iniciar o exercício.

No mercado, elas variam entre 12 e 30 metros. As fitas mais longas são ideais para praticar o longline, modalidade em que o praticante usa cordas longas e tem como objetivo andar a maior distância possível.

A yogaline é uma variação que exige enorme concentração. Inspirada nas poses da yoga, proporciona grande domínio sobre o equilíbrio corporal.

3 CONDICIONAMENTO FÍSICO

Não há a menor dúvida quanto a isso: o condicionamento físico tem tudo a ver com sua saúde. Ele se refere às resistências cardiorrespiratória e muscular, à força, à flexibilidade, à potência, à velocidade, à coordenação, à agilidade, ao equilíbrio e à precisão, já que seus músculos têm que resistir às tarefas diárias e ocasionais – assim como os desafios físicos inesperados – com um mínimo de cansaço e desconforto.

O condicionamento físico, na verdade, é a posse da reserva de energia necessária para fazer tudo o que é desejado. Ficar com o corpo bem condicionado não requer atividade física intensa e desgastante ou exercícios monótonos. Para estar com um bom condicionamento físico é preciso apenas exercitar-se com regularidade.

Entretanto, é necessário entender que a busca pelo bom condicionamento físico é para o resto da vida. Um programa com duração de 10 a 12 semanas não vai proporcionar benefícios eternos. Infelizmente, se você parar de se exercitar, o que ganhou em condicionamento físico será perdido com o tempo.

Neste capítulo, iremos falar sobre corrida, caminhada, hidroginástica, spinning, natação, ciclismo, bicicleta na academia, esteira e transport.

Aumente sua energia com exercícios rápidos

CORRIDA
O esporte democrático

Para correr, não é necessário ser um exímio atleta. Aliás, boa vontade é mais bem-vinda do que habilidades específicas quando o assunto é corrida. Mas, atenção: isso não quer dizer que o esporte não exige cuidados. *"Qualquer pessoa pode correr, mas sempre respeitando suas condições físicas atuais e crescendo dentro do treinamento diário"*, explica o *personal trainer* Fábio Nogueira.

A corrida está entre os exercícios físicos mais executados pelas pessoas. Não é para menos: ela proporciona uma série de benefícios que ultrapassam o plano físico, como emagrecer e combater diversas doenças, como hipertensão e diabetes. Quem corre tem mais chances de sorrir para a vida, pois tem a autoestima e o bem-estar elevados. Portanto, corra e se apaixone por esse esporte!

NIKOLAS ANTUNES, ATOR

"Sou viciado em corrida e corro todos os dias, descansando duas vezes ao mês. Isso é legal porque mantenho baixo o percentual de gordura mesmo comendo bastante. Malho na praia quatro vezes por semana. Divido as séries de exercícios em A e B, alternando. Na A, faço barras com pegada aberta e pegada fechada, com quatro séries de 15 repetições em cada uma, sempre conjugando com um tipo de abdominal. Na B, faço quatro séries de 25 flexões e outras quatro de paralelas com 20 repetições, novamente conjugando com abdominal. O resultado é um corpo magro e atlético, mas sem aquele aspecto de academia."

Para saber suas frequências cardíacas mínima e máxima, basta seguir a seguinte fórmula:
(220 − sua idade) x 0,6 = frequência mínima
(220 − sua idade) x 0,8 = frequência máxima

Exemplo: se a pessoa tem 30 anos, sua frequência cardíaca durante o exercício pode variar de 114 a 152 batimentos por minuto.

COMO COMEÇAR?

- Procure correr aos poucos e regularmente. Assim o corpo se acostuma com o esforço e consegue progredir. Estabeleça uma programação com horários certos.

- Mantenha o ritmo adequado ao corpo. Você deve começar com frequências cardíacas baixas, de modo que todas as funções do organismo entrem em equilíbrio enquanto corre.

- Intercale caminhada com corrida. Dessa forma, você permitirá uma maior percepção do esforço físico e um tempo para recuperar o fôlego. Comece andando por 500 metros e corra 500 metros.

- Controle o movimento de entrada e saída do ar para que não fique acelerado demais durante a corrida. O ideal é fazer a respiração marcada por passos. Ou seja, a cada três passos inspirando, faça os mesmos três passos expirando até que isso seja feito naturalmente.

- Sempre é preciso aquecer o corpo a cada início de treino. Por isso, o melhor a fazer é realizar alongamentos leves e iniciar a corrida em um ritmo lento.

A CORRIDA DEIXA O CORPO ESBELTO

Em uma hora de corrida, é possível queimar, aproximadamente, 600 calorias. Isso pode variar para mais ou para menos, levando em consideração o preparo físico de cada indivíduo. Para que isso aconteça, a pessoa tem que correr, no mínimo, 30 minutos, em frequência cardíaca máxima de 60% a 80%. Só assim a gordura é queimada.

FORÇA NAS PERNAS E GLÚTEOS, E MELHORA DO CONDICIONAMENTO

Segundo o *personal trainer* Fábio Nogueira, quem corre tem toda a musculatura inferior trabalhada, o que inclui pernas, glúteos e abdômen. Além disso, depois de duas ou três semanas, já é possível sentir a diferença da corrida no condicionamento físico, com os afazeres sendo menos cansativos.

CONTROLE DAS DOENÇAS

Diabetes, hipertensão, asma e colesterol alto são apenas algumas doenças que podem ser mantidas a rédeas curtas com a ajuda da corrida. Depois de algum tempo de prática, seu organismo passa a economizar energia para realizar certas tarefas. Essa economia gerada pelo condicionamento físico é o que impede que ele fique sobrecarregado, facilitando o controle da pressão, do colesterol e do peso, completa Fábio Nogueira. Estudos indicam que correr propicia a mineralização (calcificação) óssea. Ou seja, quem corre diminui as chances de ter osteoporose.

SEMPRE DE BOM HUMOR

A produção de endorfina é a principal responsável pela sensação de bem-estar que sucede à corrida.

Já que ela é um exercício aeróbico, a sensação de bom humor melhora a cada quilômetro percorrido. O fato de ser praticada ao ar livre potencializa ainda mais a sensação de bem-estar oferecida pela corrida e diminui as chances de desânimo.

TREINO DE CORRIDA PARA INICIANTE
3 vezes por semana em dias alternados

1ª E 2ª SEMANAS
2 minutos caminhando e 1 minuto correndo alternadamente (por 30 minutos)

3ª E 4ª SEMANAS
2 minutos caminhando e
2 minutos correndo (por 40 minutos)

5ª E 6ª SEMANAS
5 minutos caminhando e
5 minutos correndo (por 40 minutos)

7ª E 8ª SEMANAS
1 minuto caminhando e
5 minutos correndo (por 36 minutos)

9ª E 10ª SEMANAS
5 minutos caminhando e
10 minutos correndo (por 45 minutos)

11ª E 12ª SEMANAS
5 minutos caminhando e
20 minutos correndo (por 50 minutos)

13ª E 14ª SEMANAS
30 minutos correndo em terreno plano e
30 minutos correndo em terreno variado

CAMINHAR É PRECISO!
Uma atividade cheia de vantagens

A caminhada é o exercício mais fácil de ser praticado, pois não exige habilidade, é bom para o corpo e pode ser feito a qualquer hora do dia. Sem contar que não tem restrição de idade e ainda pode ser feito dentro de casa se a pessoa tiver uma esteira. O professor de Educação Física Clóvis Antunes afirma que uma caminhada de dez minutos por dia já provoca efeitos perceptíveis no corpo depois de apenas uma semana.

Além de melhorar o condicionamento físico, as vantagens para a saúde do corpo e da mente são muitas e comprovadas pela ciência.

> Manter a postura ereta é muito importante na caminhada. O ideal é olhar para a frente, evitando curvar o corpo.

OS BENEFÍCIOS DA CAMINHADA

- Caminhar por aproximadamente 40 minutos é suficiente para reduzir a pressão arterial durante 24 horas após o término do exercício. Isso acontece porque, durante a prática da caminhada, o fluxo de sangue é aumentado, levando os vasos sanguíneos a se expandirem. Consequentemente, ocorre a diminuição da pressão.

- A caminhada faz com que as válvulas do coração trabalhem mais, melhorando a circulação de hemoglobina e a oxigenação do corpo. O pulmão também é bastante beneficiado quando caminhamos. Se aconselhada por um médico, a caminhada pode ajudar também a dilatar os brônquios e prevenir algumas inflamações nas vias aéreas, como a bronquite. Em alguns casos mais simples, ela tem o mesmo efeito de um xarope broncodilatador.

- O impacto dos pés com o chão tem efeito benéfico sobre os ossos. A caminhada é uma boa maneira de fortalecê-los. Durante a caminhada, nosso corpo libera uma quantidade maior de endorfina. Uma breve caminhada em áreas verdes, como parques e jardins, pode melhorar significativamente a saúde mental, beneficiando o humor e a autoestima. Além disso, deixa o cérebro mais saudável, diminui a sonolência, mantém o peso em equilíbrio e emagrece, controla a vontade de comer e protege contra derrames, infartos e diabetes.

- Se você não consegue um lugar ao ar livre para caminhar, uma esteira causa os mesmos efeitos.

HIDROGINÁSTICA
Resistência e bem-estar

A hidroginástica é uma modalidade fitness que não oferece nenhum risco de lesão e ainda proporciona ao corpo um grande bem-estar. A professora Marina Brevis ressalta que a prática melhora o condicionamento aeróbico e eleva a autoestima.

"A hidroginástica é, sem dúvida, um exercício seguro, e seus benefícios estão à disposição de todos, independente de gênero ou da faixa etária. Não há contraindicações. Por reduzir o impacto nas articulações, ela é, para muitas pessoas, a atividade de condicionamento mais segura que existe", destaca. Por fim, afirma que atletas em recuperação de lesões fazem hidroginástica para fortalecer a musculatura protegendo as articulações.

A hidroginástica é recomendada também para quem apresenta limitações que interfiram na coordenação motora, como vertigem ou déficit de equilíbrio físico, e para pessoas que sofrem de sobrepeso ou têm quadro de hipertensão. Além disso, a modalidade promove a saúde de uma forma geral.

Para haver sucesso, é fundamental que haja regularidade, principalmente durante o período inicial, já que, segundo a professora Marina, é possível notar um resultado satisfatório depois de dois ou três meses, se praticada com uma frequência de duas vezes por semana.

A importância da prática de exercícios físicos vai além dos aspectos físicos. É fundamental que, ao escolher uma atividade, seja levado em consideração que ela deve proporcionar bem-estar ao ser praticada. Neste ponto, a hidroginástica está em vantagem.

ACESSÓRIOS DA HIDROGINÁSTICA

Step – Trabalha pernas e glúteos.
Halteres – Desenvolve os braços.
Luvas – Aumenta a resistência dos braços.
Tornozeleiras – Aumenta a resistência na água e fortalece a musculatura dos glúteos e das pernas.
Macarrão – É um flutuador com várias utilidades. É usado para exercícios abdominais, braçais e localizados, para pernas e glúteos.

O QUE A PRÁTICA REGULAR DO EXERCÍCIO PROPORCIONA?

- Melhora consideravelmente o condicionamento aeróbico, ajudando o coração, os pulmões e o sistema circulatório.
- Amplia a força e a resistência muscular.
- Desenvolve a flexibilidade, tornando as articulações capazes de se movimentarem dentro da normalidade.
- Possibilita a melhora da composição corporal e o aumento da massa magra.

NATAÇÃO
Uma vida saudável

A natação é um dos esportes mais praticados no mundo porque proporciona vários benefícios, como ganho de massa muscular, melhora do condicionamento físico e aeróbico, auxílio em problemas respiratórios e baixo índice de lesões. Contudo, os aspectos positivos vão bem além disso. Segundo a *personal trainer* Clara Mondave, a natação ajuda a manter o corpo equilibrado e ainda queima calorias de maneira prazerosa.

Existem várias caraterísticas desse esporte que precisam ser bem conhecidas antes de praticá-lo.

GASTO CALÓRICO DE CADA NADO
Crawl: 720 calorias por hora
Costas: 720 calorias por hora
Peito: 660 calorias por hora
Borboleta: 840 calorias por hora

CRAWL
O movimento simples dos braços e as pernadas do crawl fazem com que ele trabalhe bastante os bíceps, os tríceps, os quadríceps, o peitoral e os músculos interiores das pernas. Não contém contraindicações.

BORBOLETA
Conhecido também como nado *golfinho*, é o mais difícil de ser realizado. O estilo não é complicado. O que o torna mais difícil é a utilização de alguns músculos e movimentos que não fazemos durante o dia a dia.

PEITO
Trabalha os bíceps, os músculos interiores das coxas, os adutores e todo o peitoral.

COSTAS
Trabalha os músculos posteriores das coxas, os costais, o trapézio, os tríceps, as panturrilhas e os glúteos. O fortalecimento dos músculos das costas também ajuda a melhorar a postura.

ACESSÓRIOS
- Óculos de natação, pois o cloro da piscina é prejudicial aos olhos e ao cabelo.
- Segundo Clara Mondave, a touca não protege o cabelo, impedindo apenas que os fios fiquem soltos na água.

SPINNING
Músculos tonificados

Se você procura uma atividade aeróbica completa, o spinning é a mais indicada. Além de emagrecer e tonificar os músculos do corpo, ele tem alta intensidade, o que proporciona uma grande queima de calorias. Os exercícios são feitos em uma bicicleta ergométrica.

Durante a aula, que pode durar de 30 a 60 minutos, é necessário pedalar o tempo todo, mudar de posição no aparelho – sentado ou em pé – e alterar a velocidade e o peso da carga usada.

BENEFÍCIOS
- Contribui para a melhora dos sistemas cardíaco e respiratório.
- Diminui o colesterol.
- Ajuda a diminuir a quantidade de glicose no sangue.
- Fortalece as pernas, o bumbum e o abdômen.
- Ajuda no desenvolvimento muscular.

DICAS

- Tenha sempre por perto uma toalhinha para enxugar o suor nas mãos.

- Uma garrafinha com água para se reidratar é fundamental. Se quiser emagrecer, não tome isotônico, pois ele é calórico.

- Invista em um *frequencímetro*, que mede os batimentos cardíacos.

- Use sapatilhas que são utilizadas por ciclistas profissionais. Elas podem melhorar muito seu desempenho nas aulas.

O spinning tem a capacidade de possibilitar um emagrecimento mais intenso do que a esteira ou a caminhada. As mulheres perdem cerca de 570 calorias em uma aula de 60 minutos. Os homens conseguem alcançar 650 calorias.

Muitas pessoas praticam spinning para tentar emagrecer, mas pedalam em uma frequência muito baixa, não atingindo a zona de treinamento ideal para queimar gordura. Assim, muitas vezes pensam que o spinning não emagrece. No entanto, quando ajustam a frequência, começam a perceber logo os resultados positivos.

CICLISMO
Pedaladas de saúde

O ditado popular garante: quem aprende a andar de bicicleta não esquece jamais. Pois essa é a mais pura verdade. O melhor de tudo são os inúmeros benefícios que este esporte proporciona para o sistema cardiorrespiratório, e ainda conta com uma vantagem em relação a outras modalidades: não tem impacto, evitando lesões nas pernas e nos pés.

O professor de Educação Física Caio Vicentini afirma que, no que se refere a trabalhar os grupos musculares das pernas, o ciclismo e a natação são os dois melhores esportes. Ele acrescenta que a bicicleta exige mais das pernas por causa do movimento contínuo, mas músculos do braço, do tórax, o peitoral e o dorso também são ativados para garantir a sustentação e o equilíbrio do corpo nas subidas, nas descidas e nas curvas inclinadas.

O CICLISMO FORÇA A PRÁTICA DE UMA ESPÉCIE DE GINÁSTICA LOCALIZADA

Se você quiser fazer exercícios abdominais, basta pedalar de pé. Contudo, não faça esses exercícios por muito tempo, pois isso acaba criando uma fadiga localizada. O ideal é fazer entre 30 e 50 pedaladas. Em seguida, sente-se e deixe a musculatura relaxar.

Segundo Caio Vicentini, após o descanso é possível dar novas pedaladas.

CUIDADOS ANTES DE PRATICAR

- Antes de começar a praticar qualquer atividade física, é importante fazer uma avaliação médica, passando, inclusive, por um cardiologista. Somente depois de concluídos os exames, é possível definir o volume, a intensidade e a frequência dos exercícios.

- O ideal é procurar a orientação de um educador físico. Ele vai definir por quanto tempo você poderá pedalar.

- Nos intervalos de cada exercício, é indicado ingerir algum tipo de carboidrato, como uma barra de cereal ou um sachê com gel à base de carboidrato.

- Ajuste sua bicicleta: o banco (selim) e o guidão devem ficar na altura da cintura, e a distância entre eles tem de ser o equivalente ao comprimento do antebraço com a palma da mão estendida. Cuidado especial: se o banco estiver alto e o guidão baixo, a sobrecarga nos membros superiores e na coluna vertebral acaba sendo grande, o que, com o passar dos anos, pode resultar em dor crônica nas costas.

QUAL É A MELHOR BICICLETA PARA O CICLISMO?

O mercado oferece inúmeras opções. Pela versatilidade, recorra à *mountain bike*, que custa a partir de R$ 250. Pela praticidade, pode ficar com as dobráveis, a partir de R$ 700.

Alguns itens são fundamentais, como o capacete, a partir de R$ 50, as luvas, cerca de R$ 30, e os faróis dianteiro e traseiro, a R$ 40 cada.

BICICLETA ERGOMÉTRICA
Perdendo calorias

COMUM EM QUALQUER ACADEMIA, A PRÁTICA APRESENTA DIVERSAS VANTAGENS

- Tonifica os músculos e as articulações, tornando-as saudáveis e eficientes, já que a bicicleta trabalha especialmente os joelhos e os tornozelos.

- Ajuda a melhorar a circulação sanguínea e a capacidade pulmonar, além de permitir a eliminação dos quilos extras.

- Fortalece as panturrilhas, que funcionam como "bombas" e ajudam a irrigar o sangue por todo o corpo, melhorando a circulação quando ativada com o exercício físico.

- É ideal para quem apresenta problemas nos joelhos ou na coluna, com menor impacto do que a corrida.

- Trabalha as coxas. O quadríceps, por exemplo, é o maior e mais forte grupamento muscular do corpo humano. Daí a importância de reforçá-lo também por meio do trabalho aeróbico na bicicleta ergométrica, combinado com a musculação.

- Se o objetivo é perder peso, dependendo da intensidade, são eliminadas de 100 a 500 calorias por hora, durante 20 a 30 minutos na academia. É uma boa praticar depois dos exercícios para melhorar a mobilidade das articulações e alongar os membros superiores e inferiores, os músculos abdominais e as costas. A meta deve ser abrangente. Em casa, você pode praticar de 20 a 30 minutos de bicicleta ergométrica 3 vezes por semana.

ESTEIRA
Condicionamento em dia

A esteira é um dos aparelhos que mais proporcionam gasto calórico. Além de oferecer as opções de corrida e caminhada, aumenta ou diminui a dificuldade ao variar a inclinação do aparelho, segundo o professor de Educação Física Mario Sérgio Farias.

Para quem quer melhorar o condicionamento físico, a esteira é uma das principais maneiras de se conseguir isso. Os principais músculos trabalhados no aparelho são os dos membros inferiores, como as panturrilhas, as coxas, os localizados na parte posterior da coxa e os glúteos.

A média de gasto energético no uso da esteira varia entre 300 e 500 calorias, tendo por padrão uma hora de exercício.

Em meio aos diversos benefícios que a esteira proporciona, alguns malefícios também podem ser observados, mas são contornáveis. Um dos principais problemas notados quando a pessoa inicia um exercício na esteira são as possíveis lesões. O impacto causado pelo treino, principalmente nas articulações dos joelhos, que sofrem mais quando o atleta corre, pode ocasionar lesões graves, principalmente pelo desgaste contínuo. Pessoas com sobrepeso podem sofrer um pouco mais com isso. Porém, a caminhada pode ser realizada sem maiores problemas, e tênis com ótimo amortecimento minimizam os riscos.

EXERCITE-SE

- Opte por sequências de corridas intervaladas. Dessa forma, você queima mais gordura do que se mantiver um ritmo moderado por longo tempo. Para exemplificar, se você permanecer na esteira por 30 minutos ou mais, corra três minutos a 6 km/h, e um minuto a 9 km/h.

- Sempre tente colocar o calcanhar primeiro no solo enquanto caminha ou corre, além de deixar seus braços em 90 graus enquanto os move para a frente e para trás. Não deixe de olhar para a frente enquanto treina e mantenha o abdômen contraído para ter um resultado ainda melhor dos músculos dessa região.

- Aumente seu gasto calórico intercalando os períodos de treino na esteira com os exercícios de musculação. Assim, sua frequência cardíaca vai se manter acelerada!

- Hidrate-se sempre durante seu exercício para repor o líquido que você perde. Antes de correr, alimente-se bem. Se possível, procure um nutricionista, pois esse profissional vai poder ajudá-lo em relação ao que comer antes e depois dos treinos. Pode ter certeza de que muitos dos seus objetivos estão ligados a uma boa alimentação!

TRANSPORT
Musculatura inferior ativada

O transport pode ser considerado igual ou até melhor do que a esteira. Afinal, o gasto calórico dos dois exercícios são similares.

Em média, levando-se em consideração uma hora de exercício no aparelho, o gasto energético varia entre 400 a 500 calorias, sendo comparável ao eliminado em treinos na esteira. Contudo, há algumas diferenças.

BENEFÍCIOS

O transport trabalha quase que exclusivamente os membros inferiores. Os músculos de sustentação são pobremente trabalhados, sendo o forte da esteira. Em contrapartida, comparando a esteira e o transport, é possível ver o impacto dos dois aparelhos nas articulações.

O *personal trainer* Antonio Gonçalves diz que o transport (elíptico) é uma caminhada quase sem impactos nas articulações. *"Para aquelas pessoas que têm, principalmente, problemas nos joelhos e, ainda assim, querem continuar fazendo exercícios cardiovasculares, o transport é uma boa opção"*, afirma. Em relação às variações, as únicas coisas que podem ser modificadas no aparelho são a intensidade e a carga, alterando levemente o programa de exercícios.

COMO CONSEGUIR BONS RESULTADOS NO TRANSPORT

- É necessário manter os joelhos alinhados com o quadril, além de deixar o pé por inteiro no aparelho, não usando somente a ponta ou o calcanhar para impulsioná-lo para a frente e para trás.
- A coluna deve permanecer sempre reta, inclinando-se levemente para a frente somente para aumentar a intensidade do exercício nos músculos da região glútea.
- Mantenha os músculos do abdômen contraídos.

4 TREINAMENTO FUNCIONAL

Há algum tempo, é comum ouvir no mundo fitness a expressão *treinamento funcional*. Mas o que é isso?

Ele se baseia nos movimentos naturais do ser humano, como pular, correr, puxar, agachar, girar e empurrar. O praticante ganha força, equilíbrio, flexibilidade, condicionamento, resistência e agilidade.

Os movimentos executados devem integrar todos os grupos de músculos, em vez de trabalhá-los de forma isolada. Todos os exercícios são executados nos planos baixo, médio e alto, de forma vertical e horizontal. Os equipamentos devem ser livres, como halteres, cordas, kettlebells, barras, bolas, fitas e cabos.

Treinando de maneira funcional, é possível melhorar a postura e o equilíbrio em todos os membros, aperfeiçoando todo o corpo e otimizando o desempenho para as tarefas a serem executadas no dia a dia ou no mundo esportivo.

Algumas modalidades ainda ajudam a reduzir lesões degenerativas e dores recorrentes. Hoje, existem muitos profissionais com a formação voltada para exercícios funcionais. Conheça alguns treinamentos típicos e procure o que mais se adapta ao seu momento.

KETTLEBELL
Para entrar em forma rápido

Já imaginou gastar apenas algumas horas por semana para emagrecer e tonificar o corpo? Praticantes de kettlebell garantem ser possível.

O acessório, criado no século XVIII, na Rússia, para treinamento físico, é uma bola de ferro com aproximadamente 20 cm de diâmetro e que conta com uma alça, pela qual é segurada. Seu peso pode variar de 4 a 48 quilos.

Desde 2009, a prática tem ganhado espaço nas academias do mundo todo e virou item indispensável no treinamento funcional no Brasil.

Os exercícios com kettlebell podem ser praticados por todos: desde os iniciantes até atletas que desejam melhorar o rendimento. O importante é que cada um saiba a intensidade mais indicada.

Levantamento
Afaste as pernas na largura dos ombros. Incline o tronco para a frente e flexione os joelhos. Pegue o peso do chão com as duas mãos, sem flexionar os cotovelos, estenda o corpo e erga o kettlebell. Faça 2 séries de 6 a 10 repetições.

Arremesso acima da cabeça
Segure o peso na altura dos ombros com as duas mãos. A bola deve ficar apoiada e a palma da mão, para fora do corpo. Estenda o braço e eleve o kettlebell acima da cabeça. Retorne à posição inicial. Faça de 6 a 10 repetições.

Arremesso simples
Deixe as pernas afastadas na altura dos quadris. Segure o kettlebell com a mão direita, deixando a bola encostada no ombro. Em um só movimento, estenda o corpo e erga o kettlebell acima da cabeça. Em seguida, volte à posição inicial esticando o braço esquerdo. Execute 6 vezes e repita com o braço esquerdo.

COMO FUNCIONA O TREINO DE KETTLEBELL

O método é usado por pessoas que buscam condicionamento físico e ainda pretendem obter definição muscular. Os treinos são feitos de forma elaborada e trabalham de maneira intensa e pesada cada tipo de movimento. São denominados de *funcionais* porque, além de contribuírem para a definição, queimam calorias e ajudam no metabolismo.

Poderosos, os treinos contribuem para a resistência muscular. Depois de apenas seis semanas de treino, o ganho muscular é visível, e a pessoa consegue um corpo desenvolvido, forte e definido.

O treino com o kettlebell pode queimar até 500 calorias em uma hora, e os exercícios são ótimos para o desenvolvimento do corpo. No dia seguinte após o treinamento, a pessoa sente seus músculos doloridos e enrijecidos, já indicando que eles estão sendo trabalhados e os resultados vão aparecer.

As aulas têm duração de 30 minutos, com exercícios elaborados por um professor, com séries e repetições inteligentes e 30 segundos de intervalo entre os exercícios.

Em apenas meia hora de treino, é possível eliminar 300 calorias, aumentar a massa muscular e queimar as gorduras localizadas. Há ainda a melhora do condicionamento físico e das resistências muscular e cardiovascular. Ocorre também a tonificação e definição das pernas, dos glúteos e dos braços, o fortalecimento lombar e o emagrecimento abdominal.

Se você não aguenta mais encarar a academia e a rotina dos mesmos exercícios, confira, a seguir, dez vantagens de treinar com o kettlebell.

VANTAGENS DO KETTLEBELL

– Aumenta a força e a potência, ajudando na performance de uma modalidade esportiva;
– Permite o treinamento de vários grupos musculares ao mesmo tempo com uma única ferramenta;
– Substitui vários equipamentos da musculação;
– Por ser um treino de alta intensidade e pelo alto gasto calórico, maximiza a definição muscular;
– É um treino intenso, de curta duração, o que faz com que haja uma proteção e prevenção das articulações, evitando lesões;
– Por ser dinâmico, é ideal para quem não tem tempo para ficar horas na academia;
– Ajuda os corredores a melhorarem o tempo, pois aumenta a potência dos músculos envolvidos;
– Eleva a resistência respiratória;
– Favorece a potência sexual devido ao aumento da vascularização;
– Contribui para a flexibilidade e mobilidade das principais articulações do corpo.

Exercícios em grupo são sempre melhores, pois facilitam o entrosamento das pessoas.

Levantamento com os dois braços
Segure o peso por trás da cabeça. Eleve o braço acima, flexione as pernas e agache. Faça 2 séries de 6 a 10 repetições

Flexão com desenvolvimento
Fique em posição de flexão de braços segurando os dois pesos com as duas mãos. Realize 2 séries de 5 a 8 repetições.

CROSSFIT
Força e condicionamento

Flexão de braços com pesos
Execute 4 flexões de braços segurando os halteres no solo e alternando com o levantamento de um dos braços. Realize 4 séries de 8 repetições.

Mais uma opção para quem quer ficar com o corpo em forma é o *CrossFit*. A modalidade conta com um programa de treinamento de força e condicionamento físico geral baseado em movimentos funcionais, feitos em alta intensidade e bem variados.

Geralmente, esses movimentos se enquadram em três modalidades: levantamento de peso olímpico, ginástica olímpica e condicionamento metabólico – ou cárdio.

O CrossFit é o método de treinamento que mais cresce atualmente no mundo, por proporcionar a mais completa adaptação fisiológica possível ao seu praticante, independentemente da idade ou do nível físico.

Em um treino típico de CrossFit, atletas e praticantes irão fazer um aquecimento, a prática de uma técnica ou segmento de treinamento de força e, depois, o WOD (*workout of the day*), ou treino do dia.

A montagem do WOD muda a cada dia, mas, tipicamente, inclui uma mistura de exercícios funcionais feitos em alta intensidade por um período que, geralmente, varia de 5 a 20 minutos.

O principal equipamento para a sua prática é o próprio corpo. Porém, também podem ser utilizadas técnicas e equipamentos específicos, como barras e anilhas olímpicas, kettlebells, pesos livres, cordas, caixas, bolas, pneus, argolas, elásticos e correntes, entre outros.

Não se pode comparar o CrossFit à musculação, na qual o treino é objetivo e individual. Nele, os treinos são coletivos, e cabe ao profissional avaliar a necessidade do aluno, tanto na carga de peso quanto na execução dos exercícios. As aulas são dinâmicas, variadas e intensas.

Para praticar o CrossFit, é recomendado tomar alguns cuidados, como não começar um treino de alta intensidade sem supervisão médica e orientações de um profissional, pois isso pode causar lesões. As pessoas sedentárias também têm que tomar cuidado na hora de iniciar a atividade.

DINAMISMO

O Crossfit não possui um programa fixo. O que é feito em um dia, com certeza não será aplicado nas quatro aulas seguintes, pelo menos. O aprimoramento da força física e da resistência de todos os membros proporciona equilíbrio e mais autoconfiança.

Ele conta com levantamento de pesos, abdominais, flexão de braços, saltos, agachamentos, corrida, exercícios de suspensão e até pular corda. O CrossFit é rico em métodos divertidos e

Salto nos caixotes
Inicialmente, fique diante da plataforma. Flexione os joelhos até um ângulo de 180 graus e impulsione o corpo para saltar nos caixotes utilizando as forças das pernas. Desça e repita os movimentos.

Exercícios na barra fixa fazem parte das atividades que envolvem o treinamento funcional do CrossFit.

intensos, ideal para quem foge de exercícios monótonos. Não há treinos "estereotipados".

RESULTADOS E BENEFÍCIOS

Os exercícios funcionais do CrossFit proporcionam um metabolismo mais ativo e aceleram a queima de gorduras. Por ele ser praticado em turmas, o espírito de equipe se torna um diferencial para as superações.

A prática faz emagrecer em pouco tempo se for conciliada com uma dieta saudável e nutritiva. Além disso, melhora a resistência cardiovascular, diminui o estresse, aumenta a resistência física, auxilia na definição muscular, eleva a massa magra, queima a gordura e proporciona um metabolismo mais ativo.

EVITE LESÕES

É importante reconhecer o próprio preparo físico para o rendimento de uma aula. Não é porque o CrossFit faz emagrecer que alguém deve se arriscar e comprometer a saúde do corpo para reduzir as medidas. As aulas devem ser ministradas por profissionais de Educação Física, e o aluno deve esclarecer todas as suas limitações.

Ninguém deve buscar rendimentos incompatíveis com o próprio condicionamento. Cada aluno terá limitações individuais a serem superadas, e é isso que vai motivar sua ida à próxima aula sem lesões e desconfortos. Como a superação é individual, é importante se respeitar e não tentar ir além do que o corpo pode oferecer.

> Reconhecer o próprio condicionamento físico é fundamental para a prática do CrossFit, evitando, assim, que o corpo seja exigido além de sua capacidade.

> Abdominais fazem parte do treinamento do CrossFit, e a superação dos próprios limites é um elemento a mais para motivar o praticante a se exercitar de forma muito intensa.

HIDRATAÇÃO

Toda prática de exercícios deve ser feita com muita ingestão de água. Como o CrossFit faz emagrecer em uma intensidade muito alta, com ele não é diferente. A queima de gordura exige que a hidratação do corpo seja constante para repor todo o líquido perdido em movimento. A ingestão de água deve ser feita antes, durante e depois, para que o metabolismo não se desequilibre. Assim, o corpo vai permanecer queimando gordura durante todo o dia.

EXEMPLOS DE TREINO

Treino 1
- 5 flexões
- 10 agachamentos
- 15 abdominais

Treino 2
- 200 metros de corrida intensa
- 150 saltos com corda

Treino 3
- 35 agachamentos
- 5 burpees
- 20 flexões

Treino 4
- 7 minutos de burpees
- 400 metros de corrida com intervalos de 2 minutos de descanso

O agachamento com peso é um dos exercícios que compõem o treinamento do CrossFit.

A presença de um profissional ao lado dos alunos é vital.

Saltos proporcionam uma grande melhora no condicionamento físico.

CROSS COMBAT
Inspirado nas artes marciais

Uma nova modalidade que está fazendo sucesso na academia é o *cross combat*. Os exercícios são inspirados em artes marciais, e alguns simulam movimentos de luta, sendo indicados para todos os tipos de perfis, independentemente da faixa etária e do condicionamento físico.

Inspirado nos exercícios de CrossFit, aliado ao foco da preparação de atletas de combate, o *cross combat* surgiu como fruto de estudos feitos pelo doutor em Fisiologia Alex Souto Maior, juntamente com os irmãos Rodrigo Minotauro e Rogério Minotouro, atletas do UFC.

A modalidade é dividida em três níveis: iniciante, intermediário e avançado, variando entre quatro e seis módulos, cada um com dois exercícios. O número de módulos depende do nível de condicionamento dos praticantes. Além disso, seus exercícios trabalham a resistência muscular, a força, a precisão, a agilidade, a flexibilidade e o equilíbrio.

DICAS DE EXERCÍCIOS

AQUECIMENTO

Dedique 60 segundos para cada exercício de aquecimento, com, no mínimo, 21 repetições. Para começar a sequência, a pessoa deve alternar pernas e braços. A partir da posição inicial, enquanto um braço estiver para o alto, o outro estará para baixo. Conforme se alterna a posição dos braços, intercala-se também a posição das pernas, com uma na frente e a outra atrás. Uma sequência de burpee (à direita) também é realizada. Com as mãos no solo e os braços estendidos, estique as pernas para trás sem deixar o corpo encostar no chão. Flexione os braços e os estenda novamente, levando os joelhos até a altura do abdômen, saltando para cima e repetindo o movimento em seguida.

SEQUÊNCIA DO CROSS COMBAT (MÍNIMO DE 12 REPETIÇÕES OU 60 SEGUNDOS PARA CADA EXERCÍCIO)

CORDA NÁUTICA

Na posição inicial, segure a ponta da corda com os braços para baixo, flexione um pouco os joelhos e salte abrindo braços e pernas. Repita o movimento.

JAB/DIRETO
Na posição inicial, ponha as duas mãos no rosto e os cotovelos para baixo. Coloque a perna esquerda à frente e a direita atrás. Então, a mão esquerda vai à frente, esticando todo o braço, e retorna para ficar perto do rosto. Em seguida, faça o mesmo movimento com a mão direita e retorne.

CORDA
Com os braços estendidos, suba em uma corda com o auxílio dos pés.

AGACHAMENTO COM PASSADA
Na posição inicial, coloque a perna direita à frente e a esquerda atrás, na ponta do pé, mantendo o equilíbrio. Flexione o joelho da perna esquerda até chegar próximo ao solo e retorne à posição inicial. Troque a posição das pernas e repita o movimento.

SWING (ELEVAÇÃO LATERAL)
Com os braços para baixo, segure uma anilha (peso). Erga os braços, esticando-os acima da cabeça, e movimente-os lateralmente para o lado direito. Volte os braços para a posição inicial flexionando os joelhos (agachamento). Então, eleve os braços novamente e repita o movimento para o outro lado.

COSTAS (TIRA SUSPENSA)
Na posição inicial, em pé, segure uma tira suspensa. Deixe o corpo inclinar para trás, esticando os braços e com as palmas das mãos voltadas para baixo (pegada pronada). Puxe a tira suspensa em direção ao corpo, abduzindo os ombros, e retorne para a posição inicial.

BARRA FIXA
Segure a barra com as palmas das mãos voltadas para baixo (pegada pronada). Puxe o corpo até o rosto ultrapassar a barra e estique novamente os braços. Repita o movimento.

ELEVAÇÃO FRONTAL DE BRAÇO

De pé, com os braços para baixo ao longo do corpo e segurando pesos, eleve primeiro o braço direito até a altura do ombro. Em seguida, retorne à posição inicial e repita o mesmo movimento utilizando o braço esquerdo.

TRÍCEPS FRANCÊS NA BOLA

Na posição inicial, sente-se na bola com as costas retas e o braço direito esticado acima da cabeça. Flexione o braço, descendo por trás da cabeça. Volte à posição inicial e repita o movimento. Em seguida, realize o mesmo movimento com o braço esquerdo.

TOMBANDO O PNEU

Na psição inicial, com as pernas afastadas e os pés levemente voltados para fora, agache, flexionando os joelhos. Coloque as mãos por baixo do pneu. Levante o corpo, jogando o pneu para a frente.

ABDOMINAL INFRA (ARGOLAS)

Segure as argolas com os braços esticados ao lado do corpo. Então, tire os pés do chão. Com as pernas juntas, suba e desça os joelhos até a altura do abdômen. Repita o mesmo movimento sem deixar os pés encostarem no chão.

CHUTE LATERAL

Fique de pé diante do saco de boxe, com as mãos no rosto. Em seguida, gire o tronco, elevando a perna direita, e chute lateralmente na altura da cintura. Volte à posição inicial e repita o movimento com a perna esquerda.

PRANCHA (TIRA SUSPENSA)

Deixe os pés presos na tira suspensa. Estique os braços e mantenha o corpo paralelo ao solo durante 10 segundos. Em seguida, descanse.

AGACHAMENTO COM SALTO (TIRA SUSPENSA)

Na posição inicial, segure a tira suspensa com os cotovelos flexionados. Desça o quadril, dobrando os joelhos até chegar perto do calcanhar. Suba realizando um salto. Repita o movimento.

5
HIPERTROFIA MUSCULAR

Você quer ter um corpo musculoso? Então, que tal fazer musculação? A prática dessa atividade ajusta o metabolismo do organismo e aumenta a massa muscular, provocando o crescimento visível da musculatura.

Para que isso aconteça, é preciso treinar muito, e o mais importante: todos os exercícios devem ser acompanhados por um profissional especializado. Também é necessária uma orientação no consumo equilibrado de nutrientes (carboidratos e proteínas) para a ocorrência de hipertrofia. A ingestão desequilibrada de substâncias ou a utilização de anabolizantes e esteroides – que proporcionam rápido aumento de massa muscular – podem representar um grave risco à saúde.

Neste capítulo, iremos mostrar como deixar suas pernas, braços e abdômen sarados. Siga com atenção as sequências e, em pouco tempo, você vai sentir a diferença. Importante: os alunos iniciantes devem começar com duas séries de 15 repetições e com pouco peso. Já os mais avançados podem fazer de três a quatro séries de 8 a 12 repetições utilizando peso moderado.

BRAÇOS
Existem muitas maneiras de deixá-los bem torneados

BARRA FIXA
Pendure-se na barra com as mãos afastadas em uma largura maior do que a dos ombros. As palmas devem ficar viradas para a frente. Cruze os pés atrás do corpo. Flexione os cotovelos e aproxime o peito da barra. Em seguida, volte à posição inicial. Complete de 8 a 12 repetições, conforme seu condicionamento.

DESENVOLVIMENTO DO BÍCEPS
Pegue os halteres e dobre o cotovelo alternadamente. Faça 4 séries de 8 repetições.

AVANÇO COM HALTERES
Em pé, segure dois pesos ao lado do corpo. Dê um passo com a perna direita e flexione os cotovelos, erguendo os halteres acima dos ombros. Dobre os joelhos até a coxa esquerda ficar paralela ao chão. Ao mesmo tempo, eleve os pesos acima da cabeça. Retorne e execute o movimento do lado esquerdo. Faça 4 séries de 4 repetições.

BRAÇOS

EXERCITANDO O TRÍCEPS
Flexione e estique o cotovelo com o corpo levemente inclinado à frente. Faça 4 séries de 15 repetições.

TRABALHANDO O PEITORAL
A flexão de braços, além do peitoral, desenvolve os ombros e os tríceps. Realize 5 séries de 10 repetições.

PERNAS
Valorize os músculos

PULAR CORDA
Em pé, segure as pontas das cordas. Deixe o acessório no chão, atrás de você. Então, gire a corda, de modo que ela passe por cima da sua cabeça e à frente do seu corpo. Quando o objeto chegar aos seus pés, pule e aterrisse na ponta dos pés. Repita por 50 vezes.

AGACHAMENTO COM HALTERES
Em pé, com os halteres no chão, ao lado das pernas, flexione os joelhos e agache até pegar os pesos. Na descida, deixe a cabeça e o queixo retos, e as costas naturalmente inclinadas. Então, leve o tronco á frente. Pegue os halteres e suba. Desça, com as costas eretas e deixe os halteres no chão. Faça 4 séries de 5 repetições.

ABDÔMEN
Obtenha uma barriga definida

SUPINO ABDUZIDO
Na fita de suspensão

Execução: Posicione-se com o corpo em inclinação, segurando o apoio para as mãos e deixando as pernas afastadas. Evite deixar o quadril cair, mantendo o centro (core) do corpo contraído durante todo o exercício. Ao longo da realização do movimento, empurre, fazendo força para baixo, estendendo o braço e elevando o corpo. Ao final do movimento, as duas mãos se unem. Durante a fase concêntrica, são executadas a extensão dos cotovelos, a adução horizontal dos ombros e a abdução das escápulas. Faça 3 séries de 10 a 12 repetições.

Benefícios: Exercício funcional, trabalha o fortalecimento dos tríceps braquiais, dos deltoides e, principalmente, dos peitorais. O exercício feito nesta posição ainda requer uma maior estabilização dos músculos do tronco, fundamentais para uma boa postura.

PRANCHA NO SOLO

Este exercício pode ser feito todos os dias e tem um potencial muito bom para fortalecer os músculos do abdômen. Também elimina alguns quilos extras. Para fazê-lo, coloque os cotovelos e os antebraços no chão, de maneira que fiquem alinhados. Em seguida, levante o corpo e mantenha as pernas retas. Fique nesta posição entre 1 e 3 minutos.

ABDÔMEN

ABDOMINAL NO TRX

Com o TRX conectado no espaldar, posicione os pés nos estribos, com o dorso voltado para baixo. Para a posição de flexão, apoie as mãos e mantenha os braços retos. Deixe o tronco firme e encaixado, movimentando os joelhos em direção ao tórax. Complete 4 séries de 12 repetições, com intervalos de 1 minuto entre cada série.

BICICLETA NO SOLO

Deite-se, una as pernas e as eleve para o alto, um pouco acima do chão. As pernas devem estar levemente flexionadas, com as mãos ao lado do corpo. Depois, flexione um dos joelhos, formando um ângulo de 90 graus, e estique a outra perna próxima ao chão. Eleve a perna e a abaixe, fazendo 15 repetições. Caso queira variar, levante o tronco e force o abdômen.

EXERCÍCIOS PARA MELHORAR SUA MUSCULATURA

Os *personal trainers* Edilson Ramos Cavalcante e Deivison da Silva Silveira, do Optimus Pilates Studio, no Rio de Janeiro, selecionaram 17 exercícios para seu corpo ganhar agilidade e força.

Seguindo com atenção as dicas dos professores, em pouco tempo você vai ganhar massa muscular. Eles ainda ressaltam que os alunos devem fazer todos os exames e saber se estão aptos para executar os exercícios. Depois, basta seguir uma planilha de treinos com um especialista. Boa malhação!

REMADA ADUZIDA UNILATERAL
Com um halter em um banco reto

Execução: Apoie a mão e a perna direita no banco. Mantenha o tronco com uma ligeira inclinação. Segure o halter com a mão esquerda e eleve-o até a região lateral do seu corpo, realizando flexão do cotovelo, hiperextensão do ombro e adução da escápula. Ao atingir uma amplitude máxima de movimento, retorne à posição inicial moderadamente, estendendo o braço até atingir um ângulo de 180 graus. Faça 4 séries de 10 a 12 repetições.

Benefícios: Este exercício fortalece as musculaturas dorsais e os bíceps braquiais, além de a posição favorecer um maior controle do movimento em sua execução.

DESENVOLVIMENTO ADUZIDO NO APARELHO
Sentado no banco

Execução: Apoie o tronco e a cabeça no encosto, mantendo os joelhos em um ângulo de 90 graus. Segurando a parte anterior do apoio, suba até atingir uma amplitude máxima, realizando a extensão dos cotovelos, a flexão dos ombros e rotação superior das escápulas. Durante o movimento, evite que os cotovelos se direcionem lateralmente. Faça 3 séries de 10 repetições.

Benefícios: Exercício voltado para o desenvolvimento e fortalecimento dos deltoides. É necessário não deixar os cotovelos se movimentarem lateralmente durante o exercício, para não mudar o foco.

FLEXÃO SIMULTÂNEA DE COTOVELOS COM OS HALTERES
Rosca bíceps em pé

Execução: Posicione uma perna levemente à frente da outra, ou faça uma pequena flexão de joelhos, mantendo o tronco ereto e contraindo o centro do corpo (core). Segure os halteres lateralmente em relação ao corpo na pegada supinada (palma da mão para cima). Então, realize uma flexão simultânea de cotovelos, movimentando os halteres até chegarem perto dos ombros. Evite jogar o tronco para trás (extensão de tronco) durante a realização do movimento. Faça 3 séries de 8 repetições.

Benefícios: Exercício para o fortalecimento dos bíceps braquiais e dos músculos braquiais e braquiorradiais. A posição em pé exige estabilização do tronco. Consequentemente, ativa os músculos dessa região para uma boa postura e ótima execução.

SUPINO 30 GRAUS ABDUZIDO COM BARRA
Em um banco com 30 graus de inclinação

Execução: Mantenha o tronco fixado no encosto. Evite elevar o quadril e fazer um aumento desnecessário da curvatura lombar na fase concêntrica do exercício. Segure a barra, aproxime-a da região peitoral (na direção do peito e do osso esterno) e erga-a em uma velocidade moderada, realizando extensão dos cotovelos, adução horizontal dos ombros e abdução das escápulas. Faça 2 séries de 10 a 12 repetições.

Benefícios: Ótimo exercício para trabalhar os tríceps braquiais, os deltoides e, principalmente, o peitoral – com ênfase em sua parte superior –, devido à angulação do banco.

DESENVOLVIMENTO ABDUZIDO
Com halter sentado na bola suíça

Execução: Sente-se na bola, mantendo os joelhos em uma angulação de 90 graus e as pernas ligeiramente afastadas. O tronco deve ficar fixo, ereto e contraído. Segure os halteres na pegada pronada (palma da mão para a frente) e mantenha o cotovelo em direção à linha da cintura. Realizando o exercício, estenda os braços para o alto, unindo os dois halteres acima da cabeça. Durante o exercício, ocorre a extensão dos cotovelos, a abdução dos ombros e a rotação superior das escápulas. Execute 3 séries de 8 a 10 repetições.

Benefícios: Este exercício trabalha, principalmente, o fortalecimento dos deltoides. Como sentar-se na bola pode causar desequilíbrio, os músculos que compõem o centro do corpo (core) precisam estar contraídos, causando maior estabilização durante o exercício.

AGACHAMENTO COM BARRA

Posicione a barra na altura do músculo trapézio

Execução: Evite apoiar a barra sobre a região cervical e mantenha os pés ligeiramente afastados. Segurando a barra, realize o movimento. Preserve bem as curvaturas da coluna, evitando fazer uma retroversão do quadril e uma possível abdução da mesma articulação durante a fase excêntrica. Ao realizar o agachamento, posicione os glúteos para trás e desça. Ao subir, você vai realizar a fase concêntrica do exercício, em que vai ocorrer a flexão plantar e a extensão dos joelhos e do quadril. Faça 4 séries de 10 a 12 repetições.

Benefícios: O agachamento é um excelente exercício para o fortalecimento dos músculos dos membros inferiores, principalmente os glúteos e os quadríceps. Trabalhando com a barra solta (livre), vai ser exigida maior contração e estabilização dos músculos estabilizadores do tronco (abdominais e paravertebrais).

FLEXÃO DE COTOVELO

Rosca bíceps em pé com elástico tube

Execução: Em pé, deixe uma perna ligeiramente à frente. Então, posicione o elástico em baixo do pé que está avançado e segure-o na pegada supinada (palma da mão para cima). Com os braços na lateral do corpo, movimente apenas as articulações dos cotovelos, fazendo flexões delas. No retorno (fase excêntrica), realize o movimento de forma lenta/moderada. Faça 3 séries de 15 repetições.

Benefícios: Exercício para o fortalecimento dos bíceps braquiais, músculos braquiais e braquiorradiais. Realizar o exercício em pé proporciona benefícios para o executante, pois a posição necessita de maior ativação dos músculos que compõem o centro (core) do corpo, ocasionando maior estabilização e melhorando a postura.

REMADA ABDUZIDA SUSTENTANDO
Em posição de prancha com halter

Execução: Mantenha-se em posição de prancha, com os braços estendidos e alinhados com os ombros, e mãos na altura da linha média do peitoral, segurando os halteres com firmeza. Execute o movimento puxando o peso para cima, flexionando o cotovelo. Alterne o movimento dos braços, puxando um de cada vez. Faça 3 séries de 10 repetições.

Benefícios: Este exercício funcional fortalece, basicamente, as musculaturas dorsais e os bíceps braquiais. A posição em prancha favorece, ainda, a ativação dos músculos abdominais e paravertebrais, que são musculaturas estabilizadoras do tronco, fundamentais para uma boa postura. Pode-se alternar as remadas com flexões de braço, ativando os peitorais, os tríceps e os deltoides, aumentando a intensidade do exercício por englobar ainda mais grupamentos musculares.

EXTENSÃO DE COTOVELO
Rosca tríceps francês unilateral com halteres

Execução: Em pé, flexione levemente os joelhos e mantenha um pé de apoio à frente do corpo, formando uma base. Eleve um dos braços e alinhe-o em relação à cabeça. Em seguida, flexione seu cotovelo de modo que o halter fique atrás de sua cabeça. Realize o movimento estendendo o cotovelo até a posição inicial. Repita com o outro lado. Faça 3 séries de 8 repetições.

Benefícios: Exercício para o fortalecimento dos tríceps braquiais. A posição em pé exige estabilização do tronco. Consequentemente, ativa esses músculos para uma boa postura e melhor execução.

FLEXÃO LATERAL DE TRONCO
Com medicine ball

Execução: Eleve seus braços, alinhando-os com a cabeça, e flexione a lateral do tronco. Os braços e a cabeça devem permanecer estáticos, acompanhando o movimento do tronco. Tenha atenção com a postura. Realize o movimento partindo da posição do corpo alinhado verticalmente. Então, flexione lateralmente o tronco, voltando, em seguida, à posição inicial. Faça o movimento para os dois lados. Realize 3 séries de 12 repetições.

Benefícios: Exercício de alongamento da musculatura lateral do tronco, quando feito sem sobrecarga. Ao utilizar a *medicine ball* ou outro tipo de sobrecarga, o exercício fortalece o músculo quadrado lombar, responsável pela flexão lateral do tronco. Este exercício exige uma boa postura na execução, ativando, ainda, os músculos estabilizadores do tronco, como os abdominais e os paravertebrais.

EXTENSÃO DE COTOVELOS PRONADA NO CROSS OVER
Rosca tríceps inversa

Execução: Em pé, segure a barra do cross over com as mãos em pronação. Mantenha seus cotovelos paralelos ao tronco e os punhos alinhados ao antebraço. Execute o movimento estendendo seus cotovelos totalmente. Depois, volte à posição inicial com os cotovelos flexionados. Faça 3 séries de 8 repetições.

Benefícios: Exercício para fortalecimento dos tríceps braquiais. Como é realizado no aparelho cross over, o cabo e as roldanas conferem estabilidade e controle ao exercício. É preciso atenção para ter uma boa postura em pé e alinhar corretamente os cotovelos, assim como na amplitude da execução.

PONTE VENTRAL COM OS BRAÇOS ESTENDIDOS
Em posição de flexão

Execução: Posicione-se em uma prancha com os braços em extensão, alinhados aos ombros, e com as mãos apoiadas no pegador (caso não tenha, firme-as no chão). Sustente essa posição por alguns segundos. Faça 4 séries de 20 repetições.

Benefícios: Esta posição trabalha o fortalecimento dos músculos que compõem o centro do abdômen e os paravertebrais, que são grupamentos musculares estabilizadores do tronco e têm fundamental importância para uma boa postura corporal.

FLEXÃO DE COTOVELO
Rosca bíceps concentrado com halter

Execução: Sentando-se em um banco reto, com os joelhos flexionados em aproximadamente 90 graus e os pés apoiados no chão, afaste suas pernas e apoie a parte inferior do braço a ser exercitado (acima do cotovelo) na lateral da coxa. Apoie sua outra mão na outra perna. A articulação do cotovelo deve permanecer livre. Por isso, deve-se apoiar acima do cotovelo. Partindo da posição inicial, com o braço totalmente estendido, flexione seu cotovelo até o limite na fase concêntrica e estenda na fase excêntrica. Faça o mesmo com o outro braço. Realize 3 séries de 8 repetições.

Benefícios: Este exercício fortalece os bíceps braquiais e os músculos coracobraquiais e braquiais. Esta postura permite maior controle do movimento em sua execução e amplitude.

ONDULAÇÃO COM CORDA NÁUTICA
Corda funcional

Execução: Neste exercício, pode ser utilizada apenas uma corda, dobrada e fixada em uma estrutura, ou duas cordas, ambas com as pontas presas igualmente em uma estrutura. Alinhe seu tronco e flexione os joelhos, formando uma base estável, e mantenha o abdômen contraído. Segure as pontas das cordas com firmeza, mantendo os cotovelos semiflexionados. Realize movimentos ondulatórios para cima e para baixo com os braços, sacudindo as cordas. Realize 3 séries de 30 repetições.

Benefícios: Fortalecimento dos membros superiores e estabilizadores do tronco (abdominais e paravertebrais). Pode-se, ainda, aliar exercícios de membros inferiores, como agachamentos, na execução dos movimentos. Este excelente exercício com cordas melhora também a agilidade, a coordenação motora e o equilíbrio.

EXTENSÃO DE COTOVELOS
Rosca tríceps testa no banco reto com halteres

Execução: Deite-se no banco reto, apoiando totalmente seu tronco e a cabeça. Firme seus pés no chão, em uma plataforma – que pode ser um step – ou no apoio do próprio banco, evitando curvar sua lombar demasiadamente ao se deitar. Estenda seus braços na linha dos ombros e, então, flexione seus cotovelos, de forma que suas mãos se alinhem à testa. Execute o movimento estendendo seus cotovelos totalmente e volte à posição inicial. Atenção: apenas os cotovelos se movimentam. A articulação do ombros deve permanecer estática. Faça 3 séries de 8 repetições.

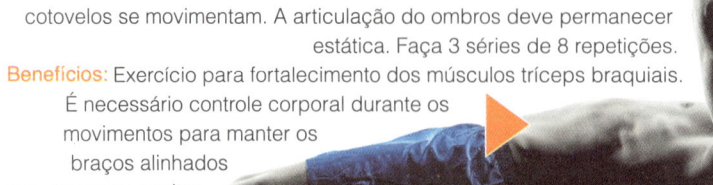

Benefícios: Exercício para fortalecimento dos músculos tríceps braquiais. É necessário controle corporal durante os movimentos para manter os braços alinhados corretamente e evitar a movimentação dos ombros.

ABDUÇÃO HORIZONTAL DE OMBROS COM EXTENSÃO DE COTOVELOS
Flexão de braços abduzida

Execução: Sustente-se em posição de prancha, com os braços estendidos e alinhados aos ombros, mas com as mãos mais afastadas e alinhadas à linha média do peitoral. Apoie-se nas pontas dos pés, mantendo-os alinhados aos ombros ou juntos. Partindo da posição inicial, excute a fase excêntrica flexionando seus cotovelos até um ângulo de 90 graus ou menor, afastando os cotovelos lateralmente em relação ao tronco. Realize a fase concêntrica estendendo os cotovelos e voltando à posição inicial. Atenção ao alinhamento do tronco e da cabeça. Olhe para o chão durante toda a execução. Faça 3 séries de 10 a 12 repetições.

Benefícios: Excelente exercício para o fortalecimento dos músculos peitorais, dos tríceps braquiais e dos deltoides. Exige boa coordenação motora e controle corporal, além de força. Para manter-se em boa postura durante a execução, os músculos estabilizadores do tronco devem ser ativados durante todo o exercício.

SUPINO EM PÉ ABDUZIDO
Com elástico tube

Execução: Exercício em que vai ser necessária a ajuda de um *personal trainer* ou posicionar o elástico em algum local fixo. Mantenha as pernas afastadas (como na foto) para obter uma base estável. Segure o pegador do elástico com a pegada pronada (palma da mão para baixo). Posicione os cotovelos levemente flexionados e os ombros em pequena abdução. Estenda os braços até unir as duas mãos. Durante a realização do exercício, vai ocorrer a extensão dos cotovelos, a abdução horizontal dos ombros e a abdução das escápulas. Faça 3 séries de 15 repetições.

Benefícios: Exercício para o fortalecimento dos tríceps braquiais, dos deltoides e do peitoral. Ao executar em pé, vai ser preciso uma maior estabilização das musculaturas do tronco. Então, isso vai ativar esses músculos para uma melhor postura e execução.

FOTOS: DIVULGAÇÃO

6
MENS SANA IN CORPORE SANO

O corpo é uma máquina fantástica e precisa ser muito bem trabalhado para se beneficiar de todas as vantagens que os exercícios podem proporcionar. Seja fazendo uma boa caminhada para melhorar o condicionamento físico e a capacidade pulmonar, ou exigindo o máximo de seus músculos para hipertrofiá-los, estas 30 dicas simples e importantes vão te deixar no caminho certo para conseguir o que tanto deseja. Afinal, como diz a clássica frase em latim do título, "Uma mente sã em um corpo são"!

1
EXERCITE-SE COM UM INSTRUTOR CAPACITADO

Atenção: se você fizer exercícios de forma incorreta, os resultados podem ser desastrosos, havendo o risco de lesões e danos irreversíveis. Portanto, a orientação de um instrutor qualificado é fundamental, pois ele tem a capacidade de passar técnicas e noções básicas dos movimentos. Exercitar-se sem ele, nem pensar!

2 ATENÇÃO COM A ALIMENTAÇÃO

É importante, também, procurar bons profissionais ligados à nutrição, já que a dieta é um componente fundamental na busca de ganho físico. Portanto, oriente-se com uma pessoa capacitada para você se alimentar bem e obter o resultado que deseja.

3 AQUEÇA ANTES DE SE EXERCITAR

A melhor maneira de prevenir lesões é realizar um aquecimento antes de se entregar com tudo aos exercícios. Antes de utilizar pesos, faça uma série de 12 repetições com aproximadamente 50% da carga que tem utilizado nos treinos. Isso vai aquecer a musculatura e deixá-la preparada. Alongamentos também são importantes antes dos treinos.

4 NÃO EXAGERE NO COMEÇO

Não tente impressionar ninguém ao começar a praticar exercícios em uma academia. Portanto, nem pensar em pegar um peso maior do que o que você é capaz de suportar. No início, o mais importante é ir devagar, utilizando cargas baixas e preocupando-se em realizar os movimentos e a respiração de maneira correta. Primeiro, acostume seu corpo aos exercícios, preparando-o para trabalhar para valer os músculos no momento apropriado.

5 CUIDADO COM A ANSIEDADE

Não é raro que um iniciante veja pessoas com corpos desenvolvidos, frutos de anos de treinamento, e queira ficar igual o quanto antes, pois acham que logo vai estar igual. Isso gera algo indesejável: a ansiedade. No começo, a expectativa é até correspondida, pois nos primeiros meses o ganho de músculos é visível. Mas esse desenvolvimento se torna mais lento com o passar do tempo. É importante que todo iniciante tenha cuidado para realizar bem seu treino e traçar objetivos a longo prazo.

6 NÃO COPIE NINGUÉM!

Outra dica valiosa para um iniciante: não tente copiar uma outra pessoa achando que vai obter os mesmos resultados. Como cada um tem sua própria característica biológica, treinos e dietas devem ser individualizados. Então, uma pessoa que jamais se exercitou ou que está há muito tempo parada precisa se adaptar respeitando os limites de seu próprio corpo.

7 UTILIZE OS APARELHOS

Uma pessoa que nunca treinou deve se utilizar dos aparelhos para realizar os movimentos de forma correta, de modo a desenvolver igualmente os músculos. Outro benefício é que os erros de execução são minimizados.

8 CONCENTRE-SE BEM

Para uma boa técnica de execução, é preciso concentração. Portanto, evite conversas e olhares paralelos durante a execução dos movimentos.

9 COMECE PELOS "PIORES" EXERCÍCIOS

Se você detesta alguns tipos de exercícios, não sinta culpa. Todos têm uma "lista" com os treinamentos que consideram chatos. O melhor é começar o treino justamente por eles, para evitar o risco de "matá-los" no final, quando o gás já não for mais o mesmo. Sem contar que deixá-los de lado colocaria em risco o correto desenvolvimento muscular.

10 DÊ ATENÇÃO AOS MAIORES MÚSCULOS

Ao iniciar o treino, force principalmente os músculos grandes, fazendo com que os menores desempenhem o papel de auxiliares. É o que os profissionais de Educação Física recomendam. Portanto, inicie os exercícios treinando o peito antes dos bíceps. Da mesma forma, malhe primeiro os quadríceps, partindo depois para os glúteos.

11. CONTROLE A INTENSIDADE

Quando erguer o peso, faça isso com a máxima intensidade e controlando bem o movimento. Quando chegar ao limite, retorne à posição de repouso lentamente, pois é nesse momento que acontecem as microlesões nas fibras musculares. A recuperação dessas microlesões é o que leva à hipertrofia.

12. OLHO NA CARGA E NAS REPETIÇÕES

Na musculação, o treinamento é, normalmente, dividido em séries de três execuções, com o peso variando de acordo com o condicionamento pessoal. Independentemente disso, é interessante variar a intensidade da carga e o número de repetições. Um exemplo é começar a série com o mesmo peso utilizado no treino anterior e fazer 12 repetições. Então, aumentar o peso da série, mas diminuir as repetições para 10. Por fim, elevar ainda mais o peso e reduzir para 8 repetições na última execução.

13 RESPIRE NA HORA EXATA

Nem apenas de carga e repetições é feito o treinamento. Algo que, aparentemente, não é tão importante, exerce um papel fundamental: a respiração. No momento da contração muscular, inspire. Já a expiração é feita ao retornar os músculos à posição inicial. Isso gera mais energia no treino e protege a coluna graças à contração abdominal.

14 DESCANSE ENTRE AS SÉRIES

Logo após a execução de uma série, faça um descanso de, pelo menos, um minuto. Essa pausa é fundamental para assegurar a intensidade do treino, garantindo que a repetição da série seja feita com uma grande potência.

15 ELEVE AS CARGAS

Trabalhar com a mesma carga por um período de tempo longo é uma falha comum em pessoas que se exercitam em academias. O ideal é aumentar o peso a cada treino, mas tomando cuidado para não exceder a própria capacidade atlética. Esse procedimento de elevação das cargas, segundo os profissionais de Educação Física, favorece o desenvolvimento muscular.

16 FAÇA EXERCÍCIOS COMBINADOS

Uma boa alternativa para obter ótimos resultados é combinar dois exercícios que trabalhem o mesmo músculo, em vez de limitar-se a um só. Ao intercalar as séries entre um exercício e outro, ocorre a aceleração do ganho de massa corporal, o que potencializa o treino e a definição muscular.

17

PEÇA AJUDA A UM AMIGO

Ao executar um exercício com pesos, o desequilíbrio ou a falta daquela força final na repetição são riscos reais. Para que isso não se torne um problema grave, o melhor é pedir a presença do instrutor ou de um amigo para acompanhar o exercício e ajudar se houver necessidade.

18

APOSTE NO AGACHAMENTO

Além de reduzir o risco de problemas na coluna – especialmente as incômodas dores na região inferior do tórax –, o agachamento é excelente para o abdome, que tem diversos músculos trabalhados. O core, próximo à lombar e ao abdome, também é exercitado é fica mais protegido de lesões.

19. INCLUA UMA PAUSA ENTRE OS TREINOS

Entre as atividades, faça uma pausa de, pelo menos, um dia. Segundo profissionais especializados, esse é o período necessário para o corpo se recuperar das microlesões ocorridas no treinamento. Para os que não conseguem ficar um dia sem se exercitar, o melhor é dividir o treino em dois. Assim, em um dia são trabalhados os braços, as costas e o peito, e no outro, as pernas e os glúteos.

20. VALORIZE O SONO

Resultados rápidos são o desejo de muitos que começam a praticar uma atividade física. Portanto, não é raro que essas pessoas intensifiquem o treinamento. O que elas precisam ter em mente é que não só o descanso é fundamental para o corpo, pois vai prepará-lo para o dia seguinte, como os hormônios liberados ao longo da noite ajudam a desenvolver a massa muscular.

21
SUBMETA-SE A EXAMES REGULARES

Para prevenir danos e descobrir a maneira certa de alcançar seus objetivos, é importante realizar uma bateria de exames médicos. Isso vale especialmente para aqueles que submetem o corpo a esforços e sobrecargas.

22
PENSE ADIANTE

Não saber até onde chegar é um problema comum entre os que começam a treinar. Portanto, o melhor é estabelecer um objetivo e se dedicar ao máximo para atingi-lo. Tendo disciplina e motivação, será algo estimulante, independentemente se for para ganhar massa muscular, emagrecer, obter resistência ou adquirir velocidade. Lembre-se: comprometimento é fundamental para não se perder e não desistir no meio do caminho!

23 ANABOLIZANTES, NEM PENSAR!

Alguns atletas se deixam seduzir pela ideia de obter rapidamente um corpo perfeito por meio do uso de esteroides e anabolizantes. Isso é um perigo, pois como tais substâncias são originadas de hormônios, provocam danos à saúde, como diabetes, câncer e lesões no fígado. Homens ficam sujeitos à impotência sexual e à esterilidade. Mulheres correm o risco de ter a menstruação interrompida e as mamas diminuídas. Por fim, os adolescentes prejudicam o desenvolvimento sexual e a formação dos ossos.

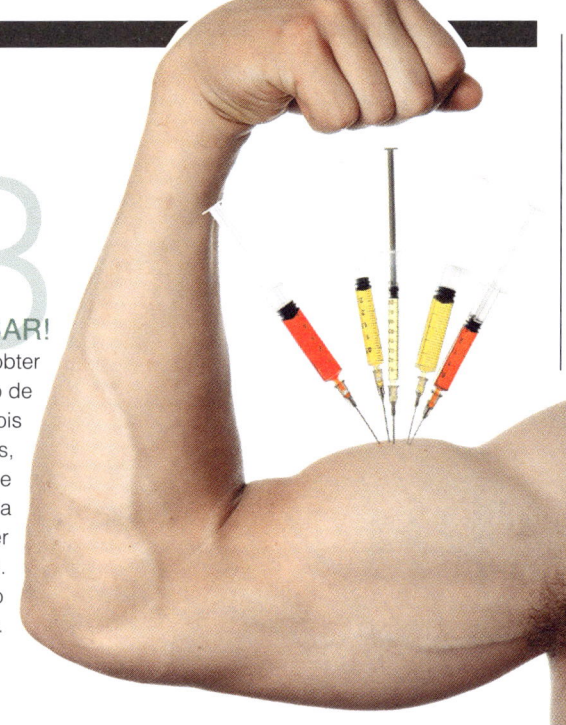

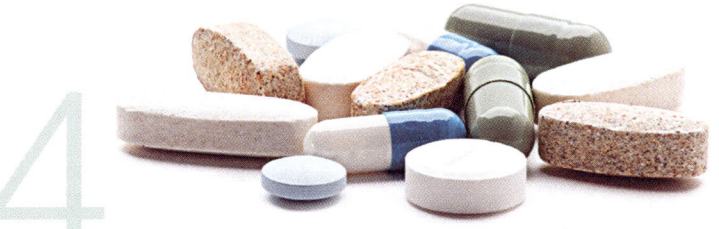

24 VALE A PENA TOMAR SUPLEMENTOS?

Quem se exercita já ouviu isto: suplementos alimentares podem proporcionar ganhos incríveis para o corpo. Na busca por um físico musculoso e atraente, muitos embarcam nessa ideia sem levar em conta um detalhe fundamental: cada caso é específico, pois as pessoas não são iguais. Então, é importante que cada indivíduo consuma o que é necessário para seu organismo. Seja como for, os especialistas afirmam que suplementos são desnecessários nos primeiros seis meses de malhação, bastando uma dieta saudável e que forneça os nutrientes para a realização dos exercícios. A partir do sexto mês, vale a pena procurar um nutricionista para uma consulta.

25 OUÇA MÚSICA

Se há algo que combina perfeitamente com exercícios é a música. Tanto que, para muitos, é inimaginável treinar sem ela. Estudos reforçam ainda mais sua importância, comprovando que as vibrações sonoras agem no cérebro e provocam reações de acordo com o ritmo. É claro que uma academia não precisa chegar ao extremo de ter um DJ, mas oferecer uma boa seleção musical vai deixar os frequentadores satisfeitos. A eletrônica é a mais indicada para os exercícios, mas cada um pode fazer seu próprio setlist. Afinal, o que vale é se motivar e se esforçar!

26 CAMINHADAS SÃO ÓTIMAS

Nos dias em que der uma pausa no treino pesado para que os músculos descansem e se recuperem da malhação, uma boa alternativa é fazer uma caminhada ao ar livre. Afinal, a atividade proporciona uma série de benefícios, como aumento da capacidade pulmonar, melhora da circulação sanguínea, prevenção da depressão, proteção contra infartos e auxílio na produção de insulina. A caminhada pode ser feita a qualquer hora e não exige nenhuma habilidade específica. Cerca de 45 minutos são suficientes para desfrutar de seus benefícios.

27 EXERCITE-SE AO AR LIVRE

Se você deseja reduzir os níveis de estresse, tensão e dar um chega para lá na depressão, os exercícios ao ar livre são ótimos para isso, pois auxiliam a produção de endorfina, um neurotransmissor com grande influência sobre o humor. Por fim, atividades externas elevam os níveis de vitamina D, liberada pelo Sol, e que previne 17 tipos de câncer, além de ajudar no tratamento de doenças autoimunes.

28 FALE SOBRE SUAS DORES

Se você estiver sentindo dores, conte imediatamente para o seu instrutor. A famosa frase "no pain no gain" ("nada se consegue sem trabalho", em uma tradução livre) deve ser aplicada de maneira correta. Se a dor é percebida durante a execução de um movimento, indica que algo está errado. Se ela tiver início tardio, cerca de 48 horas após a realização do exercício, é normal.

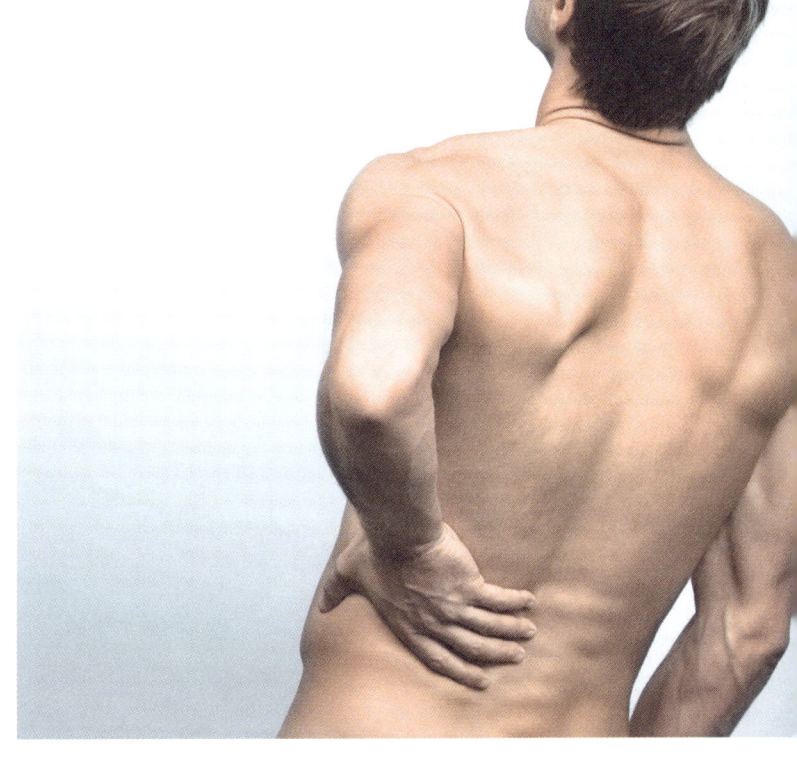

29 ÁGUA OU ISOTÔNICOS?

Como há perda de líquidos ao longo das atividades físicas, é importante hidratar-se frequentemente. Porém, o que ingerir: água ou isotônicos? Se os exercícios durarem até uma hora, água já é o suficiente, pois as reservas glicêmicas presentes no organismo são suficientes para manter o corpo saudável. Já os isotônicos são necessários se o treinamento é mais longo, pois eles possuem eletrólitos parecidos com os fluidos do corpo e que podem ser passados para a corrente sanguínea.

30 MELHORE SEU EQUILÍBRIO

Força e velocidade podem ser obtidas por meio de exercícios específicos. Elevação da capacidade pulmonar também, valendo-se de caminhadas e corridas. Mas se você quer mais, como desenvolver o equilíbrio, o slackline é excelente para isso. Trata-se de uma fita forte o suficiente para suportar o peso de uma pessoa. A prática também melhora a postura, eleva a concentração e reduz o estresse. Praias e parques são bons locais para o exercício, já que a areia e a grama amortecem a queda. A altura para quem está começando deve ser de 30 a 40cm. O slackline pode ser praticado descalço ou com um calçado de solado rígido, mas lembre-se: faça com o acompanhamento de um profissional qualificado!

Copyright © 2015 by Ediouro Publicações Ltda.

Todas as marcas contidas nesta publicação bem como os direitos autorais incidentes são reservados e protegidos pelas Leis n.º 9.279/96 e n.º 9.610/98. É proibida a reprodução total ou parcial, por quaisquer meios, sem autorização prévia, por escrito, da editora.

DIRETORIA: Jorge Carneiro e Rogério Ventura; **Diretor Editorial:** Henrique Ramos; **REDAÇÃO: Editor-chefe:** Daniel Stycer; **Editoras:** Eliana Rinaldi e Renata Meirelles; **Equipe Editorial:** Adriana Cruz, Sandra Ribeiro, Débora Justiniano, Hugo Wyler Filho, Juliana Borges, Lívia Barbosa, Verônica Bareicha, Daniela Mesquita, Dalva Corrêa, Maria Flavia dos Reis e Jefferson Peres; **ARTE:** Télio Navega, Raquel Soares, Franconero Eleutério, Julio Lapenne, Jefferson Gomes, Fabiano Reis, Nathalia Guaraná, Talitha Magalhães e Raphael Bellem; **Edição e Tratamento de Imagem:** Luciano Urbano e Reinaldo Pires; **Diagramação:** Maria Clara Rodrigues e Evandro Matoso; **Produção Gráfica:** Jorge Silva; **Tecnologia da Informação:** Márcio Marques; **Marketing:** Everson Chaves (coordenação); Cássia Nascimento, Patrícia Reis, Luiza Martins e Jully Anne Costa; **Controle:** William Cardoso e Clayton Moura; **Circulação:** Luciana Pereira, Sara Martins, Wagner Cabral e Alexander Lima; **EDIOURO PUBLICAÇÕES DE PASSATEMPOS e MULTIMÍDIA LTDA.** Rua Nova Jerusalém, 345, CEP 21042-235 — Rio de Janeiro, RJ. Tel.: (0XX21) 3882-8200, Fax: (0XX21) 2290-7185; Distribuição: Dinap Ltda. – Distribuidora Nacional de Publicações, Rua Dr. Kenkiti Shimomoto, nº 1678, CEP 06045-390 – Osasco – SP. Tel.: PABX (0XX11) 3789-3000.

PROJETO E REALIZAÇÃO

NOVEL EDITORA

EDITOR-CHEFE
Marcos Maynart
EDITOR
Marcelo Nobre
EDITOR DE ARTE
Robson Gomes
W DE IMAGEM
Renato Motta

NOVEL EDITORA
Rua João Bruno Lobo, 33 / Sl. 201 | Rio de Janeiro (RJ)
CEP: 22780-805 | Tel.: (21) 3151-2625